The Manual of Breads

JN024361

# パンのトリセツ

知ればもっとおいしくなる！ 切り方・焼き方・味わい方

池田浩明・山本ゆりこ

# Introduction

はじめに

あ、もったいない！！

パン大好き人間である僕はいろんなとき、いろんなところでそう思うのです。あるときは、パン屋さんで、菓子パンや惣菜パンは飛ぶように売れたあと、かたいパンだけが棚に残っていたり。またあるときは、パンイベントででっかくてかたいパンに、そのままかぶりつく人がいたり。みんな食べず嫌いなだけじゃないの？ そんな食べ方でパンを食べたら、「ハード系はかたくて食べにくい」なんて、悪いイメージばかりが残るんじゃないの？「そうだ！ みんなにおいしいパンの食べ方を知ってもらおう！」と、この『パンのトリセツ』が誕生しました。

日本は世界各国のパンが食べられる珍しい国。パンの祖国には、いろいろなパンの食べ方があり、その国の人たちがそれが身についていて、自然とおいしくパンを食べます。日本人が、お茶漬けでも、納豆でも、冷蔵庫の中のものを組み合わせて、何も考えなくてもごはんを食べられるのと同じこと。この本ではそんな食べ方を伝えていきたいと思っています。

今、パン屋さんは、多いお店では100種類近くものパンを焼いています。だから仕事が多くなり、長時間労働のパン屋さんが多いのが現実。シンプルなパン（食事パン）を家で手をかけてみんなが食べるようになれば、こうしたことも少しずつ変わっていくでしょう。

パンを愛し、パンを深く理解するには、具の味で食べる菓子パンや惣菜パンではなく、シンプルなパンが一番。それに、小麦の風味もよくわかります。「国産小麦っておいしいよね」なんて、みんなが小麦の価値を認識してくれれば、生産者の苦労も報われ、日本の農業も盛んになり、環境もよくなり……なんて大きなことまで夢想しています。僕ひとりではちょっと荷が重い使命。そこで、各国のパンと料理とお菓子を研究している山本ゆりこさんとタッグを組みました。本書では日本でよく売られている12種類のパンに絞って、切り方から味わい方までを紹介します（こぼれ話は「妄想特派員だより」で書きました）。

各パンの章では、そのパンが生まれた国のスペシャリストにお話を伺い、簡単にできるものからちょっと凝ったレシピまで幅広く載せています。巻末の「パンのための食材別レシピ集」は、手元にある食材から、作れるサンドイッチやパンに合う料理を探すという逆引き式でも使っていただきたいレシピ集です。

「どうやってパンを食べようか？」なんてもう悩まないでください。パン屋さんでパンを買ったら、本書をパラパラとめくってもらえれば、そこに答えはきっとあります。あなたのパン、必ずおいしくして差し上げます！

池田浩明・山本ゆりこ

# Content
もくじ

# 一番簡単なパンの説明

パンのことをわかりやすく10にまとめました。
まずは、パンのことを知るところからはじめましょう。

**❶ パンは何でできている?**

粉（小麦粉、ライ麦粉など）、水、酵母、塩、この4つ
の材料は必ず入っています（例外があります）。何ででき
ているかで、2つのタイプに分けられます。

> **リーン系**
>
> 4つの材料＋ちょっとの副材料（砂糖や油脂など）
>
> | バゲット、リュスティック、カンパーニュ、
> | 食パン、コッペパン、ライ麦パン、ベーグル

> **リッチ系**
>
> 4つの材料＋油脂（バターなど）、卵、
> 牛乳（または生クリーム）、砂糖
>
> | クロワッサン、リッチな食パン、
> | バターロール、菓子パンなど

これに似た分け方で、クラスト（外皮）がかたい「ハ
ード系」、クラストもクラム（中身）もやわらかい「ソ
フト系」という呼び方もあります。

**❷ パンはどうやって作られる?**

製法はいくつかありますが、シンプルな「ストレート
法」でパン作りの流れをご紹介。

**① こねる**
ミキシングともいいます。材料を混ぜ合わせることです。

**② 発酵（一次発酵）**
酵母の活動によってパン生地を膨らませたり、風味を与える
ことです。

**③ 分割**
1個分の量に生地を切り分けることです。

**④ 成型**
丸めたり、型に入れたりして生地を形にすることです。

**⑤ 最終発酵（二次発酵／ホイロ）**
発酵をさらに進め、発酵具合を一番よいところまで整えます。

**⑥ 焼く（焼成）**
オーブンに入れて焼きます。

**❸ パンを膨らませる「パン酵母」**

パン酵母は、粉などに含まれる糖分を栄養として活動
し、炭酸ガスとアルコールを出します。これを「発酵」
といいます。炭酸ガスを出すことで生地が膨らみ、ア
ルコールの風味がパンをおいしくしてくれます。

**❹ パンの主材料「粉」**

パン作りに最も使用される粉は「小麦粉」で、タンパ
ク含有量の多い強力粉。
小麦粉に含まれるタンパク質が水と混ざり合い、さら
にこねることで、グルテンが形成されます。グルテン
はゴムのような性質を持ち、酵母がはき出した炭酸ガ
スを風船のようにはらむことで、パンが膨らみます。

**❺ パンに加える「水」**

パンには約70％の水を加えます。粉に含まれるでんぷ
んに水と熱を加えると、でんぷんがα化（詳しくは
p.123）し、パンの食感やおいしさが作り出されます。
生地に加える水を多くすると、さらにモッチリし、口
溶けのいい生地になります。

**❻ パンの味を知ろう（粉編）**

小麦粉の他に、全粒粉、ライ麦粉、米粉などを使いま
す。
小麦粉は、小麦の粒を覆っている皮の部分（ふすま）
をとり除き、白い粉にしたもの。味わいは比較的あっ
さり、のびのいい生地ができます。
全粒粉はふすまをとり除かずに（一部をとり除くこと
もあります）、小麦の粒を丸ごと挽き込んだもの。風味
は強く、生地がのびにくいので、どっしりしたパンに
なります。
ライ麦粉はほとんどの場合が全粒粉で、色はグレーが
かっています。ライ麦のタンパク質はグルテンを形成
しないため（詳しくはp.90）、目の詰まった重たいパ

ンになります。

米粉はグルテンができないため、一般的には小麦粉に混ぜて使います。ご飯のようなモッチリとした食感のパンになります。

**❼ パンの味を知ろう（パン酵母／発酵種編）**

パン酵母（イースト）はパンに適した菌株のみをとり出し、純粋培養させたもので、扱いが簡単で発酵力が安定しているのが特徴。一般的なパンの風味に仕上がります。発酵種（いわゆる天然酵母）は複数の酵母や菌が含まれおり、独特の風味、香り、酸味、旨味のあるパンに仕上がります。発酵力がイーストよりも弱く、時間と手間がかかります。

**❽ パンの形を知ろう**

パンは外側の「クラスト（皮）」と、内側のやわらかいところの「クラム（中身）」で構成されています。バゲットのように皮がたくさん味わえるパン、食パンのように中身がたくさん味わえるパンなど、パンの形によってその割合は異なります。

一般的に、皮はかたくて風味が濃厚、中身はやわらかく、しっとりしていて風味は繊細です。

**❾ 切り方で味が変わる**

切り方によって、食べやすさや味の感じ方は意外なほど変わります。例えば、食パンが4、5、6、8、12枚切りと分かれているのは、トースト用やサンドイッチ用など、目的にあった食べ方ができるようにです。厚切りでおいしいパン、薄く切った方がおいしいパンもあります。

**❿ 焼き方で味が変わる**

切り方同様、焼き方によっても味が大きく変わります。しっかり焦げ目をつけておいしい場合、焦げ目をつけない方がおいしい場合、焼かない方がおいしいパンもあります。

---

## 【 本書の使い方 】

本書は日本でポピュラーな12種類のパンに関する取扱説明書＝トリセツ。基本情報（発祥・語源／材料を含む）、製法の特徴、切り方、焼き方、バリエーション、本場の食べ方、食べ方の中から、各パン、おいしく食べるための有用な情報を選りすぐって掲載。パンにまつわる基礎知識とパンをおいしく食べるためのレシピ集は巻末にまとめました。

**本文について**

●パンの名称は一般的なものを記載。●仏＝フランス、英＝イギリス、伊＝イタリア、独＝ドイツ、米＝アメリカを意味している。

**材料について**

●（ ）で表した材料は、場合によっては入れることもある材料を記載。

**切り方について**

●きれいに切るためのコツはp.128を参照。

**焼き方について**

●オーブントースターは1000Wのものを使用。●「予熱」というのは、パンを入れる前に庫内を温めること。

**レシピについて**

●本文のレシピに関する注意事項はp.131の「レシピを使う際の補足事項」を参照。

**合うお酒について**

●「食べ方」のレシピには合うお酒を掲載。●赤ワインはライト＝ライトボディ、ミディアム＝ミディアムボディ、フル＝フルボディを意味している。●下記にも相性のよいお酒とパンをまとめた。参考にして、ペアリングを楽しんでみては。

スパークリングワイン　クロワッサン、ブリオッシュ

赤ワイン　カンパーニュ

ウイスキー　バゲット、山食パン、カンパーニュ

ハイボール　揚げもの系具材、ベーコンが入ったパン

日本酒　チーズが入ったパン／甘口はあんパン、クリームパン／中くらいはオリーヴが入ったパン／辛口はコロッケパン

焼酎　麦焼酎はバゲット

# バゲット

## 【 最も単純。だから可能性無限 】

**発祥・語源**

19世紀の初め、フランス・パリで誕生した都会のパン（諸説あり）。バゲットは仏語で「杖」の意味。
英語の「スティック」と同意。

**材料**

小麦粉、水、塩、パン酵母、（モルト）

小麦粉、水、塩、酵母。最も少ない素材で作られる基本のパン。丸いブールに比べ、オーブンの奥まで隙間なく並べられ、焼き時間も短く、サンドイッチにするにも切る回数を少なくできる。中身より皮が好きな国民性もあいまって、棒状のバゲットが広まりました。

フランス人は朝昼晩、このパンが食事に欠かせません。料理のお供に、サンドイッチに。フランスの食の大元、日本人にとってのごはんと同じような存在です。

先端や底はカリカリ、クープ周辺はザクザク。中身は意外にもしっとり。焦げたクープの端から、小麦の繊細な風味が味わえる中身まで、味のレンジは広く、肉や魚や野菜、洋食・和食を問わず、様々な料理に合わせられます。バターを塗れば、チョコやコンフィチュールとも相性を発揮、子供が喜ぶおやつに変身。

乾燥しやすいのが難点。焼き立ての時点から刻一刻と風味が飛んでいきます。「フランス人は宵越しのバゲットは食べない」といわれるほど。おいしく食べるためには、翌朝ではなく、その日のうちに。

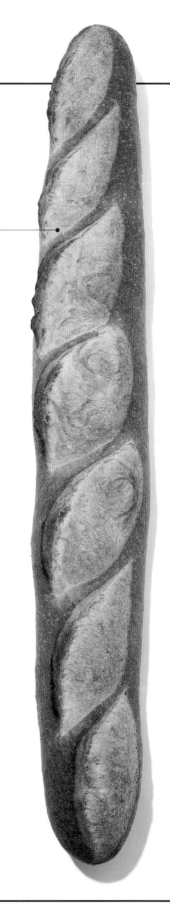

クープ

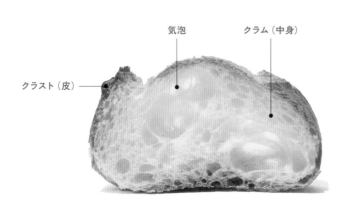

気泡

クラム（中身）

クラスト（皮）

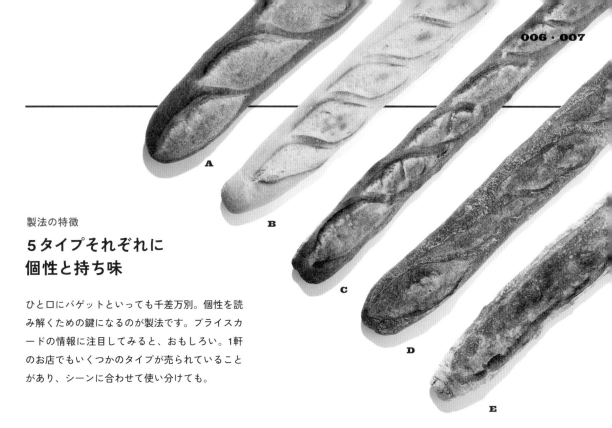

製法の特徴
# 5タイプそれぞれに
# 個性と持ち味

ひと口にバゲットといっても千差万別。個性を読み解くための鍵になるのが製法です。プライスカードの情報に注目してみると、おもしろい。1軒のお店でもいくつかのタイプが売られていることがあり、シーンに合わせて使い分けても。

酸味なし

軽い ← → 重い

酸味あり

## A 基本のバゲット（ストレート法）

[製法]
パンの神様と呼ばれるレイモン・カルヴェル氏がもたらした1次発酵3時間という王道製法。

[特徴]
ふわりと軽やかで、皮はカリカリ、歯切れよく食べやすい。

[合う料理]
卵料理、サラダなど軽い料理、ハンバーグなど洋食系。

## B イースト・ルヴァン併用

[製法]
イーストとルヴァン種を併用。前日に成形してひと晩冷蔵。メゾンカイザー（パリ発祥の人気店）系で使用。

[特徴]
ルヴァン由来の野生的な香りがあるが、食感はわりと軽め。

[合う料理]
鶏や白身魚などの繊細な味つけのものを除いて、全般に。

## C 長時間発酵

[製法]
焼く前日に生地をこね、ひと晩熟成をとる。この間、小麦から糖分や旨味成分が分解され、甘くなる。

[特徴]
皮の色が濃く、風味も濃い。背は低く、食感も重くなる。

[合う料理]
濃いめのソースのものや煮込み料理など味の濃いものに。

## D バゲットトラディション／全粒粉

[製法]
成分無調整の小麦粉で作るのが「トラディション」（伝統）。小麦の味が濃い部分や、全粒粉を使用することも。

[特徴]
食感が重くなると共に、風味は豊か。余韻も長くなる。

[合う料理]
素材感を活かしたもの。鴨や羊など風味の強い肉料理。

## E バゲットカンパーニュ（発酵種）

[製法]
カンパーニュ生地（p.26参照）をバゲット形に成型。白い小麦粉、ルヴァン種、全粒粉、ライ麦を使用。

[特徴]
風味が一番重厚で、噛み応えあり。

[合う料理]
クセや野性味のあるもの。熟成香の強いチーズやハム、魚介スープなど。

切り方
# カットを変えればおいしさが変わる

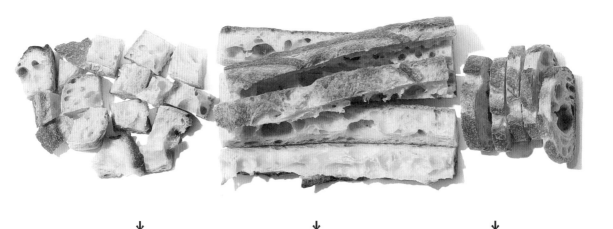

↓ ↓ ↓

### サイコロ切り

1.5cm角、2cm角と大きめがよい。クルトン（下記参照）はスープやサラダ、オムレツ（p.133参照）に使って。

### クルトン

耐熱皿に1.5cm角に切ったパンを広げ、電子レンジ（500W）で2分加熱し、全体を混ぜてから再び広げ、1分加熱する。オリーヴオイル（または溶かしバター）適量をからめ、オーブントースターできつね色になるまで焼く。

### スティック切り

スティック状に切って強度を出すためにトーストし、ディップやペーストなどをつけて食べる。

### ウッフ・ア・ラ・コック（殻つき卵）

スティック状に切ったパンをトーストする。半生ゆで卵（p.132参照）を作り、上部を殻ごとカットする。塩、こしょうをかけ、卵黄をつけながら食べる。

### 薄切り

厚さ1cm前後に切り、トーストするかは好みで。斜めにスライスすると断面が広くなる。

**B**

**A**

### カナッペ2種

厚さ1cmに切り、A焼かずにクリームチーズを塗り、自家製セミドライトマト（p.143参照）をのせ、エルブ・ド・プロヴァンス（南仏産ミックスハーブ）をふりかける。Bトーストして、自家製タプナード（p.152参照）を塗る。

バゲットは切り方で、驚くほど味わいが変わります。どの部分を、どの方向に、どのぐらいの厚さで切るか。食べ方や料理にふさわしい切り方を解説します。「かたくて食べにくい」という先入観が、くつがえるかもしれません。

↓ ↓ ↓

### 輪切り

垂直か斜めの厚さ2〜3cmの輪切りにし、パンカゴなどに人数分入れてサーヴする。

### 煮込み料理など

「時短ブッフ・ブルギニョン」や「砂肝のコンフィのサラダプレート」といった料理（p.16〜17参照）に添える。食べるときは、パンをカゴからひと切れだけとって自分のパン皿などに置く。

### 水平切り込み

サンドイッチ向き。真横から切り込みを入れる。真横より少し上から斜めに切り込みを入れると具材がよく見える。

### ハムのサンドイッチ

お皿にボンレスハム2枚を広げ、白ワイン適量を注いでこしょうをふり、冷蔵庫に最低10分入れる。パンに切り込みを入れ、内側にバター（あれば無塩）10gを塗り、白ワインを切ったハム、自家製ピクルス（きゅうり／p.148参照）の順にはさむ。

### 水平切り

タルティーヌ（仏版オープンサンドイッチ）向き。バゲットを立てて真上からナイフを入れると切りやすい。

### ピサラディエール風タルティーヌ

パンの断面に玉ねぎのコンフィ（p.144参照）適量を広げ、スライスした黒オリーヴ2粒、細く切ったアンチョヴィのフィレ1本分をのせ、オリーヴオイルをまわしかけ、オーブントースターでパンの縁がカリッとなるまで焼く。

焼き方
# 2日目のバゲットをよみがえらせる

基本の焼き方　トースターで焼き戻すと、皮はかたく、中身もパサパサになりがち。そこで、水分を足すと共に、アルミホイルで焼き過ぎを防ぎます。最後はアルミホイルを外して皮をバリッとさせて。

皮にはかけない

① 好みの形にカットする（p.8〜9参照）。　② 霧吹きで断面の表裏にワンプッシュずつ水を吹きかける。

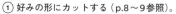

バゲットステーキ　時間が経って乾いてしまったら、いっそカリカリに焼いてしまいましょう。フライパンひとつでできるバゲットステーキがおすすめです。表裏こんがりと焼くのがポイント。

バターのかわりにオリーヴオイル、ガーリックオイルでも

① 厚さ1cmの輪切りにする。　② フライパンにバター10gを落として熱し、バターが溶けたら①を置く。両面がきつね色になるまでこんがり焼く。

細身のバゲットは乾燥しやすく、日をまたぐと大きく味が損なわれるのが難点。
当日にいただくのがベストですが、残ってしまったときには、焼き方の工夫で、
まるで焼き立てのようによみがえらせることができます。

ワンカットなら組み立て不要

③ バゲットをもとのように組み立て、ア
ルミホイルで包む。

④ 3分予熱したオーブントースターで5
分焼く。

⑤ アルミホイルを外し、皮がバリッとす
るまで1分焼く。

## タルティーヌのときの焼き戻し方

時間が経つと、水分や風味が飛んでしまいます。風味液に浸
けることで、それらを補ってから焼き戻せば、時間が経った
バゲットでも、もの足りなさはありません。

皮にはつけない

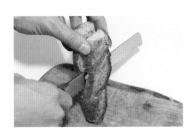  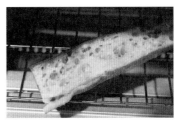

① 水平切りでふたつに割る。

② 風味液（オリーヴオイル：白ワイン：水
＝1：1：3）を入れたバットに、表にな
る片面を一瞬だけ浸す。

③ 3分予熱したオーブントースターで
温める。表面が乾いたら完成。

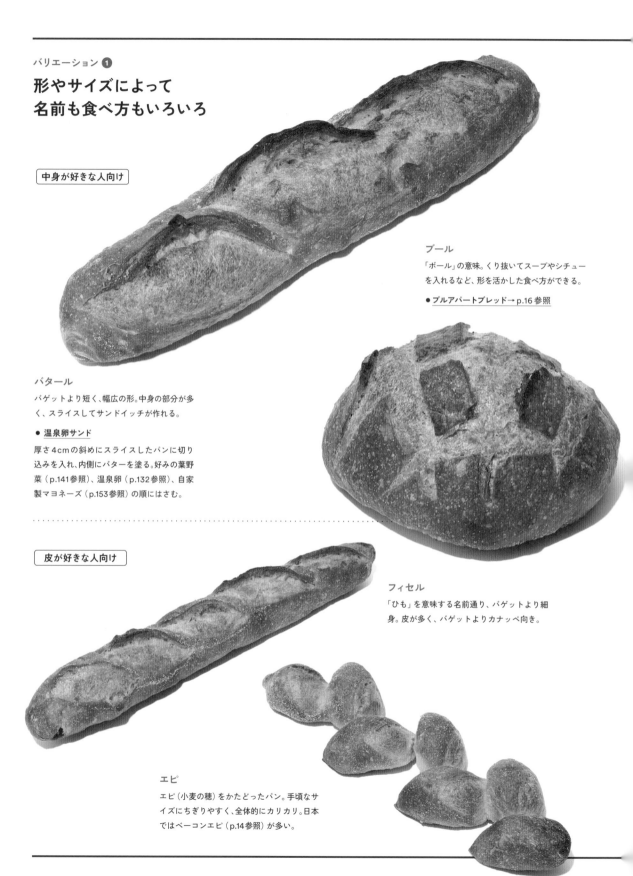

バリエーション ❶
# 形やサイズによって
# 名前も食べ方もいろいろ

中身が好きな人向け

**ブール**
「ボール」の意味。くり抜いてスープやシチューを入れるなど、形を活かした食べ方ができる。

● ブルアパートブレッド→p.16 参照

**バタール**
バゲットより短く、幅広の形。中身の部分が多く、スライスしてサンドイッチが作れる。

● **温泉卵サンド**
厚さ4cmの斜めにスライスしたパンに切り込みを入れ、内側にバターを塗る。好みの葉野菜（p.141参照）、温泉卵（p.132参照）、自家製マヨネーズ（p.153参照）の順にはさむ。

皮が好きな人向け

**フィセル**
「ひも」を意味する名前通り、バゲットより細身。皮が多く、バゲットよりカナッペ向き。

**エピ**
エピ（小麦の穂）をかたどったパン。手頃なサイズにちぎりやすく、全体的にカリカリ。日本ではベーコンエピ（p.14参照）が多い。

「杖」に「きのこ」に「たばこ入れ」…… ユニークな名前がつけられたフランスパン。実は、すべてバゲット生地から作られたもの。形が変われば、味も変わるし、用途も変わります。それぞれの特徴や食べ方を紹介します。

食事に添える

### ファンデュ
「割れ目」の意味。深い割れ目から手でふたつに割ることができるので食べやすい。

### プチパン
1人分ずつテーブルに置きやすい形。かしこまった料理だけでなく、ミニサンドイッチにも。

### ● ロティジョン
パンを水平切りにし、軽くトーストする。フライパンに植物油小さじ1を入れて中火にかけ、油が熱くなったら豚ひき肉50g、みじん切りした玉ねぎ30g、塩、こしょう、カレー粉各少々を加え、玉ねぎがしんなりするまで炒める。溶いた卵1個を流し入れ、その上にパンの両断面を下にしてのせ、パンを押さえながら焼く。

### シャンピニオン
「きのこ」の意味。丸パンの上に置いた平たいカサの部分がカリカリでおいしい。

### クーペ
「クッペ」とも呼ばれ、クープ（切れ目）が1本入る。ミニサンドイッチ用にも向いている。

### ● 牛肉のレモングラス風味入りバインミー
パンは真横より少し上から斜め切り込みを入れ、軽くトーストする。内側にバターを塗り、サニーレタス、厚さ2〜3mmの短冊状に切ったきゅうり、牛肉のレモングラス風味（p.135参照）、バインミー用キャロット・ラペ（p.146参照）、コリアンダーの順にはさむ。

### タバティエール
「タバコ入れ」の意味。ふたの部分を薄くのばして作るので特に先端がカリカリする。

バリエーション **②**

# ちょい足しでもっとおいしく

バゲット生地にさまざまな具材を混ぜ、バラエティ豊かなパンが売られています。そのまま食べてももちろんおいしいのですが、身近な食材を「ちょい足し」して、味変させても。また違った味わいが口の中に広がります。

## ベーコンエピ

ご存じベーコン入りのパン。1個もしくは2個で切り離せば、食べやすい形に。

### ベーコンの旨味を活かして

パンは穂2個分で切る。マスタードマヨネーズ（p.153参照）適量を塗り、オーブントースターでマヨネーズに少し焦げ目がつくまで焼く。

パンは穂2個分で切る。クリームチーズを全面に塗り、ごく薄切りの玉ねぎをのせ、オーブントースターで玉ねぎの先が少し焦げるまで焼く。こしょうをかける。

## チーズ

パンの中からチーズが出てくるので、サンドイッチにすると意外なおいしさがある。

### 意外？スパイスや酸味を合わせて

パンをスライスし、チーズをのせ、オーブントースターでチーズが溶けて焼き色がつくまで焼く。クミン風味オリーヴオイル（p.132参照）につけながら食べる。

トーストするだけでもおいしいけれど、追いチーズでコクを増す！

コンビーフ25g、バルサミコ酢小さじ1/2強、パセリのみじん切り大さじ1/2を混ぜ、スライスしたパンにのせ、オーブントースターでパンの縁がカリッとなるまで焼く。

## くるみ

かたくても歯切れがいい。薄切りにすると食べやすい。
くるみがアクセントになるので、料理に添えても。

### くるみのコクや香りを活かして

パンを斜めスライスにし、砕いたブルーチーズをのせる。コンロのグリル機能で縁が少し焦げるまで焼いた舞茸ものせ、バター少量を落とす。

クリームチーズ＋メープルシロップなど、チーズと甘いものを組み合わせても。

## コーン

コーンから出る甘い汁が生地全体を甘くしてくれる。
北海道産小麦と相性が抜群。

### コーンの甘味には乳製品やハーブを

パン1/2本分を水平切りにし、断面にローズマリーマヨネーズ（p.153参照）を塗る。オーブントースターでマヨネーズに少し焦げ目がつくまで焼く。

エスカルゴバター（p.156参照）＋マッシュポテト（p.146参照）の組み合わせも。

## 大納言

甘く煮た小豆が折り込まれたパン。馬の蹄鉄の形が定番。
金時豆のバージョンもある。

### 甘い豆にバターやクリームは鉄板

無塩バターを厚さ3mmにスライスし、冷凍庫に入れる。パンを水平切りにし、凍ったバターをのせ、粒状の塩をふりかけてはさむ。

サワークリーム＋黒砂糖、無塩バター＋シナモンシュガーもおすすめ。

## ショコラ

チョコチップを混ぜ込んだパン。ドライフルーツ入りやホワイトチョコバージョンもある。

### チョコレートと相性のよい食材をオン

パンの中央に切り込みを入れ、ラムホイップクリーム（p.157参照）を絞り、あれば赤いドレンチェリーを飾る。

バター＋マーマレードまたはラズベリージャムもおすすめ。

食べ方 **❶**

# フレッシュなバゲットと味わう

合うお酒　ビール、ハイボール

## プルアパートブレッド

ブールを使ったアメリカで人気のごちそうパン。
具を詰めて焼いたパンを手で引っぱりながらちぎることからついた名前だとか。

**材料（直径15cmのブール1個分）**

生ハム（あれば切り落とし）… 40g
モッツァレラチーズ … 1個（100g）
パセリ（生・葉・みじん切り）
… 大さじ1/2
アーモンド（ロースト・無塩）… 20g
溶かしバター
（またはオリーヴオイル）… 20g
ブール（直径15cm）… 1個

＊チーズがあれば、その他の食材は
別のものに置きかえて作ることが
できる。チーズはシュレッドタイプ、
クリームチーズ、カマンベールなど
何でも可。

**作り方**

**❶** 生ハムは手で小片にちぎり、モッツァレラは
できるだけ薄く切り、アーモンドは粗く刻む。
**❷** パンの表面に5本の格子状の切り込みを入
れる。中央部はできるだけ深く切る。
**❸** ②の切り込みに、①のモッツァレラ、生ハム、
アーモンドの順に詰め、全体をアルミホイルで
包む。
**❹** クッキングシートを敷いた天板に③をのせ、
180℃に温めたオーブンで15〜20分焼く。
**❺** ④のアルミホイルを外し、表面に溶かしバタ
ーを塗ってパセリをちらす。再び180℃のオー
ブンで10〜15分焼く。

合うお酒　ロゼワイン、赤ワイン

## 砂肝のコンフィのサラダプレート

たくさんの具材をのせた豪勢なサラダプレートはフランスのカフェの定番。
チーズはゴーダやチェダー、プロセスチーズでもよいです。

**材料（1人分）**

砂肝のコンフィ
　砂肝（スライス）… 100g
　にんにく（すりおろし）… 1片（5g）
　タイム（生／あれば）… 1枝
　オリーヴオイル … 大さじ1
　塩、こしょう … 各少々
かたゆで卵（p.132参照）… 1個
エメンタールチーズ … 40g
葉野菜（好みで／p.141参照）… 80g
ミニトマト … 5個
ヴィネグレットソース
　白ワインヴィネガー … 大さじ1/2
　塩 … 小さじ1/5〜1/4
　はちみつ … 小さじ1
　オリーヴオイル … 大さじ2
　こしょう … 少々
パセリ（生・葉・みじん切り）… 適量

**作り方**

**❶** 砂肝のコンフィ（p.138参照）、かたゆで卵
（p.132参照）、ヴィネグレットソース（p.153
参照）を作る。ゆで卵は冷めてからくし形に切る。
**❷** 葉野菜は食べやすい大きさにちぎり、お皿に
盛る。
**❸** トマトは縦半分か縦4等分に、チーズはさい
の目に切る。
**❹** ②の上に①と③を彩りよくのせ、ヴィネグ
レットをまわしかけ、パセリをちらす。

バゲットと相性のいい料理をご紹介。まずは、買ってきたばかりのフレッシュなバゲットを合わせると
おいしくいただけるレシピから。現地の伝統的な食べ方を、日本でも買える食材を使って再現したものです。

## 時短ブフ・ブルギニョン

フランスのワイン産地ブルゴーニュ地方のブフ・ブルギニョン（牛肉の赤ワイン煮）。
加える水の量を150mlにすれば、煮込み時間を30分に短縮できます。

合うお酒 赤ワイン

### 材料（4人分）

牛肉（カレー・シチュー用）… 500g
ベーコン … 100g
玉ねぎ … 1個（250g）
にんじん … 1本（150g）
マッシュルーム … 150g
にんにく … 1片（5g）
ブーケガルニ（タイム・パセリ各2枝、
ローリエ2枚をタコ糸で束ねたもの）… 1束
赤ワイン … 1/2本（375ml）
植物油 … 大さじ1
バター … 15g
薄力粉 … 大さじ1
水 … 250ml
塩 … 小さじ1
はちみつ … 大さじ1
こしょう … 少々

### 作り方

❶ ジッパーバッグに牛肉、ブーケガルニ、赤ワインを入れ、閉じる。ただし、ジッパーの端3cmは開けておく。

❷ 水（分量外）を張ったボウルに❶を浸し、少しずつ空気を抜く。完全に抜けたら閉じる。

❸ ❷のジッパーバッグを冷蔵庫に入れ、30分〜1時間置く。

❹ 玉ねぎは薄切りに、にんじんは皮をむいて厚さ5mmの輪切りに、マッシュルームは厚さ5mmに切り、にんにくはみじん切りにする。ベーコンは1cm幅に切る。

❺ 中火で油を熱した鍋に、❸のワインをしっかり切った牛肉を入れ、表面を焼く。全体にしっかり焼き色がついたらバットに移す。ワイン、ブーケガルニはとっておく。

❻ 同じ鍋にバターを入れ、バターが溶けたところに、❹の玉ねぎ、ベーコンを加え、玉ねぎが透き通るまで炒める。

❼ ❻に❺の牛肉を戻し、薄力粉をふり入れる。

❽ ❼に❹のにんじん、マッシュルーム、にんにくを加え、水分がなくなるまで炒める。

❾ ❽に❺のワイン、ブーケガルニ、水、塩を加え、軽くかき混ぜてふたをする。沸騰したらあくをとり、弱火にして1時間煮込む。

❿ ❾にはちみつ、こしょうを加え、よく混ぜる。

⓫ 味を見て、塩（分量外）で調える。

食べ方 ❷
# かたくなったバゲットをおいしく味わう

合うお酒　白ワイン（辛口）、ウイスキー

## オニオングラタンスープ

フランスでは冬のスープの代表格。
あめ色の玉ねぎは電子レンジで加熱することで、炒め時間を大幅に短縮させました。

### 材料（2人分）

シュレッドチーズ …80〜100g

バター …15g

玉ねぎ …1個（250g）

にんにく …1/2片（2.5g）

薄力粉 …大さじ1

白ワイン …25ml

チキンブイヨン …500ml
（または熱湯500mlにチキンブイヨン
キューブ1個を溶かしたもの）

塩 …小さじ1/5

こしょう …少々

ナツメグ（パウダー） …少々

バゲット（斜め切り・厚さ2cm）…2切

### 作り方

❶ 玉ねぎは繊維に直角に、できるだけ薄く切る。にんにくはみじん切りにする。

❷ 耐熱皿にキッチンペーパーを敷いて玉ねぎを広げ、ラップをかけ、電子レンジ（500W）で3分30秒加熱する。加熱後、出た水分はキッチンペーパーでしっかりとる。

❸ 鍋を弱火にかけてバターを入れ、溶けたところに②を加え、玉ねぎがあめ色になるまで炒める。

❹ ③に薄力粉を加えて軽く炒め、白ワイン、ブイヨンの順に少しずつ加えながら溶きのばす。

❺ ④に①のにんにく、塩、こしょう、ナツメグを加え、ふたをして弱火で20分煮込む。

❻ パンはオーブントースターでパンの縁がカ

リッとなるまで焼く。

❼ 耐熱ボウルに⑤を注ぎ、⑥をのせてチーズをちらし、250℃に温めたオーブン（あれば上段）で約15分、チーズが溶けて焼き色がつくまで焼く。

〈応用〉ハンディオニオングラタンスープ

パンを斜めにスライスし、オニオンスープ（インスタントでも可）にくぐらせ、汁がこぼれないようにアルミホイルにのせる。ベーコン、玉ねぎのスライス、チーズの順にのせ、オーブントースターでチーズが溶けて焼き色がつくまで焼き、こしょうとパセリをちらす。

余ったバゲットはかたくなって食べ方に困ります。ヨーロッパに伝わる残ったパンをおいしく食べる知恵をご紹介。
時間が経ったゆえに、水分が飛んで味が濃くなったり、カリカリになったりと、メリットもあるんです。

合うお酒 ワイン（白・ロゼ）

## セミドライトマトのパンツァネッラ

トスカーナをはじめイタリア中部で食されているパンのサラダ。
トマト、きゅうり、玉ねぎ、バジルと一緒に和えるのが定番だとか。

### 材料（2人分）

自家製セミドライトマト（p.143参照）
… 50〜70g
きゅうり…1本（150g）
赤玉ねぎ…1/4個（50g）
バジル（生・葉）…6〜8枚
水…50ml
白ワイン…大さじ1〜2
オリーヴオイル…大さじ3
白ワインヴィネガー…大さじ1/2
塩…小さじ1/2
こしょう…少々
バゲット…100g（約1/3本）

＊半分に切ったオリーヴの実を
加えてもよい。

### 作り方

❶お皿に水と白ワインを入れて軽く混ぜ、パン
を浸す。ある程度やわらかくなったら、1.5cm
角に切り、再び浸す。

❷きゅうりはさいの目に切り、玉ねぎはみじん
切りにする。

❸ボウルにオリーヴオイル、ヴィネガー、塩、こ
しょう、②の玉ねぎを入れ、よく混ぜる。

❹③にセミドライトマト、②のきゅうり、①を
加え、全体をよく和える。

❺食べる直前に、バジルを手でちぎって加え、
軽く和える。

合うお酒 ワイン（白・ロゼ・赤／ライト）

## サルモレホ

スペイン・アンダルシア地方のトマトとパンのスープです。
トッピングは生ハムとゆで卵が定番ですが、野菜ものせて彩り豊かに。

### 材料（2人分）

トマト…2個（300g）
にんにく…1片（5g）
水…大さじ5
オリーヴオイル…大さじ2
塩…小さじ1/4
はちみつ…小さじ1
バゲット…50g（約1/6本）
トッピング
　生ハム（あればハモンセラーノ）
　…1枚
　かたゆで卵（p.132参照）…1/2個
　きゅうり…1/2本
　赤パプリカ…1/4個
　こしょう…少々
　オリーヴオイル…適量

### 作り方

❶パンはさいの目に切り、水大さじ2をふりか
けてやわらかくする。

❷トマトは湯むきをして乱切りにし、にんにく
は粗く刻む。

❸①と②をミキサーにかける。ある程度細か
くなったら、そのまま5分置く。

❹③にオリーヴオイルを加え、ペースト状にな
るまで撹拌する。

❺④に塩、はちみつ、水大さじ1を加え、撹拌
する。

❻残りの水を加えながら、好みの濃度になるま
で撹拌する。

❼器に盛り、1cm角に切った生ハム、ゆで卵、
きゅうり、パプリカをのせる。こしょうをふり、
オリーヴオイルをまわしかける。

＊カンパーニュやリュスティック、チャバタ、
食パンなどを使っても作れる。

# リュスティック ＆ パン・ド・ロデヴ

## 【 ぷるぷるトロッと、高加水 】

発祥・語源

リュスティック：「粗野な」を意味する仏語。
成形しないため、形が不揃いなことから。
パン・ド・ロデヴ：南フランス・ロデヴ村のご当地パン。

材料

小麦粉、水、塩、パン酵母、（モルト）、
（ロデヴのみ）ルヴァン種

バゲットのようで、バゲットにあらず。ふたつのフランスパンには共通した特徴があります。ひとつは水の量が多いこと。通常のフランスパンは小麦粉に対し約70％の水が入りますが、こちらは80％前後〜90％以上もの水を入れます。これがみずみずしさ、口溶けのよさの秘密。もうひとつは成形をしないこと（右ページ参照）。そして、高温で焼き、水蒸気の力でボリュームを出すのも同じです。皮はバゲットより薄めで、パリパリになります。

違うのは、ロデヴの方にはルヴァン種が入ること。ルヴァン種特有の酸味があとを引き、食欲を増すでしょう。またロデヴは大きく焼くことがほとんど。厚さ1.5cmぐらいにスライスして、料理に添えたり、サンドイッチのときは水平切りにして具材（p.78〜79のフォカッチャの具材も応用可）をはさんでも。皮の風味をしっかり感じて、おいしく食べられます。一方、リュスティックは、より小さく、1人分のポーションで焼かれるので、サンドイッチにもしやすい形です。

どちらも水分が多くてモチッとすることが、ごはんやお餅を連想させ、和の食材ともよく合います。このふたつのパンが日本のパン業界に衝撃を与え、高加水のパンが増えていきました。

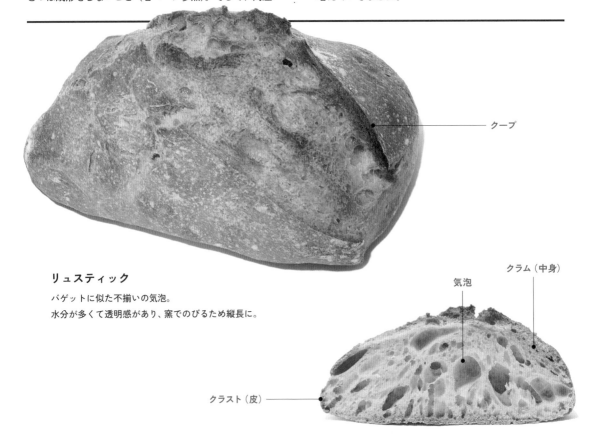

クープ

**リュスティック**
バゲットに似た不揃いの気泡。
水分が多くて透明感があり、窯でのびるため縦長に。

気泡

クラム（中身）

クラスト（皮）

製法の特徴

## 最小限の手数で作るから、やわらかい

発酵をとった生地を1個分に分割したあと、普通は成形をしますが、リュスティックもロデヴも成形しません。形が四角っぽくデコボコなのはこのためです。生地を切ったままの形で焼くことで、生地にストレスがかからないので、やわらかく、小麦の風味が濃厚に残ります。

1個分に分割するところ。なるべく四角く切って、成形はせず、そのまま焼く。

気泡

クラム（中身）

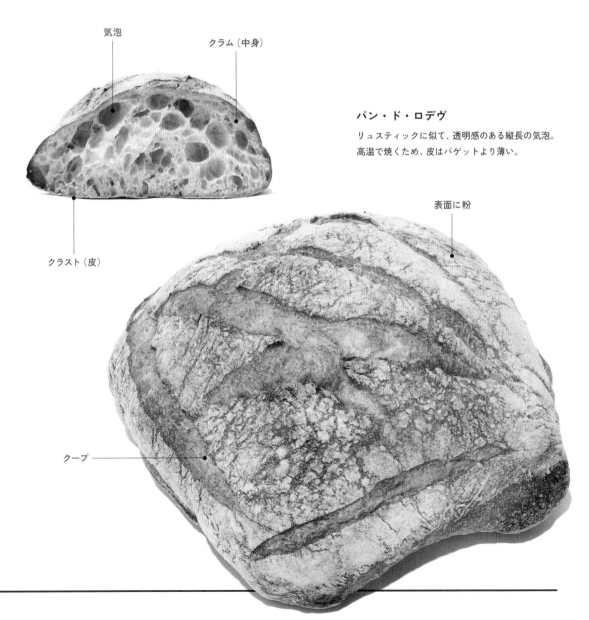

### パン・ド・ロデヴ

リュスティックに似て、透明感のある縦長の気泡。高温で焼くため、皮はバゲットより薄い。

クラスト（皮）

表面に粉

クープ

食べ方

# 小麦の風味とモチモチ感を味わう

### パン・コン・トマテ風 生ハムサンド

にんにくとトマトをパンの断面にワイルドにこすりつける
スペインスタイルの食べ方です。のせる生ハムはぜひスペイン産を。

**材料（1個分）**

生ハム
（ハモンセラーノかイベリコ）
… 1枚
トマト … 1/4個
にんにく … 少々
オレガノ（ドライ／あれば）
… 1〜2つまみ
オリーヴオイル … 大さじ1
リュスティック … 1個

**作り方**

❶ パンを下から1/3のところで水平切りにし、トマトは4〜5枚の薄切りにする。

❷ ①のパンの両方の断面に、にんにくをこすりつけ、オリーヴオイルをまわしかける。

❸ 下のパンに①のトマトをのせる。フォークでつぶしながらトマトの汁をパンにしみ込ませ、オレガノをふる。

❹ 上のパンに生ハムをのせ、③のパンと合わせてはさむ。

＊オープンサンドとして、トマトと生ハムをそれぞれに楽しんでも。

合うお酒 ワイン（赤・白）

### トルコ風サバサンド

焼きサバをはさんだトルコの名物サンドイッチ「バルック・エキメッキ」。
ソースや調味料を使わなくても抜群のおいしさです。

**材料（1個分）**

焼きサバ
 サバ … 1/2切（3枚おろしの半身）
 オリーヴオイル … 大さじ1/2〜1
 フルール・ド・セル
 （または上質の天然塩）… 適量
 タイム（ドライ）… 2つまみ
玉ねぎ … 1/10個（25g）
レタス … 大1枚
レモン … 1/12個
バター … 3g
リュスティック … 1個

**作り方**

❶ 玉ねぎはできるだけ薄く切り、レタスは4等分にして一緒に氷水にさらす。

❷ 焼きサバを作る。サバは残っている小骨やヒレをとり除き、キッチンペーパーで水気をとる。コンロのグリル機能で、皮に焦げ目がつくまで両面を焼く。

❸ ②にオリーヴオイルをまわしかけ、フルール・ド・セル、タイムをふる。

❹ パンを下から1/3のところで水平切りにし、下のパンの断面にバターを塗る。

❺ ①をザルに上げ、キッチンペーパーで水気をとる。

❻ ④の上に⑤のレタス、玉ねぎ、③の順にのせる。

❼ 食べる直前にサバにレモン汁を搾り、上のパンをのせてはさむ。

合うお酒 ビール、ハイボール、白ワイン（辛口）

ふたつに共通する特徴は、①小麦の素材感が残ったパンであること、②炊き立てのごはんを思わせるモチモチ感とツルッとした口溶け。なので、素材がダイレクトに味わえる料理が合います。和惣菜やごはんに合う料理とも好相性です。

## タコのデリサラダ

オリーヴオイルベースのにんにくやアンチョヴィを加えた特製オイルで素材をまとめ、
リュスティックやパン・ド・ロデヴに合うひと皿に仕上げました。

### 材料（2人分）

タコ … 100g
マッシュルーム … 6個
アボカド … 1個（170g）
レモン汁 … 適量
特製オイル
　オリーヴオイル … 大さじ4
　にんにく（すりおろし） … 小さじ1/2
　アンチョヴィペースト … 小さじ1強
　レモン汁 … 小さじ2
　砂糖 … 小さじ1/3
　ごま油 … 小さじ1/4
こしょう … 少々
パン・ド・ロデヴ … 適量

### 作り方

❶ 特製オイルを作る。小さいフライパンにオリーヴオイル、にんにく、アンチョヴィを入れて中火にかけ、にんにくがきつね色になるまで炒める。

❷ ボウルにレモン汁、砂糖を入れ、小さい泡立て器でかき混ぜながら、砂糖をよく溶かす。

❸ ②に粗熱がとれた①、ごま油を順に加え、そのつどよく混ぜる。

❹ 生ダコの場合は、塩（分量外）をまぶして流水で洗うというプロセスを何回かくり返し、ぬめりをとる。熱湯で3～5分ゆで、氷水にさらす。ゆでダコの場合は、熱湯に30秒ほどくぐらせて

から、氷水にさらす。

❺ ④をザルに上げ、キッチンペーパーで水気をとり、ひと口大に切る。

❻ マッシュルームは4等分に切る。

❼ アボカドは皮と種を除いてひと口大に切り、黒ずみを抑えるためにレモン汁を全体にふりかける。

❽ ③に⑤、⑥、⑦を加え、よく和える。味を見て、オリーヴオイル、塩、レモン汁（いずれも分量外）で調える。

❾ 器に盛り、こしょうをふってレモン（くし切り／分量外）、パンを添える。

合うお酒　ビール、白ワイン

妄想特派員だより ①

# フランスパンのおいしい食べ方はあなたの身近なところにある！

ニッポン大好きフランス人、バゲッティーヌです。私、念願かなって、この前はじめて日本のトキオに旅行したんです！いろんな街に行きました。新宿、渋谷、銀座……でも、がっかりでした。どの街もビルと車ばっかり。ちょんまげの人がもういないのは知ってましたが、それにしてもあまりに近代的で、私の日本のイメージとは、かけ離れてました。悲しい思いで滞在していた最後の日。私はすばらしい街と出会いました。谷中っていうところです。古い建物や庶民的な商店街。日本のおいしい食べものをいっぱい売っていて本当に楽しい！

一番思い出に残っているのは、「石川屋」というエピスリー（食料品店）。私が見たこともない、伝統的なお惣菜や和の食材をいろいろ売っているんです！今すぐ食べてみたい！でも、イートインはできない。困ったな……そのとき、私、思い出しました！バッグの中に、ホテルの部屋で朝食に食べたバゲットの残りが入ってることを！ワインオープナーについていたナイフで切って、そこにのせて食べてみたんです。オララ、神様！どれを食べてもなんておいしい!!五目豆はレンズ豆のサラダのニッ

ポン版だし、おからはフムス（p.149参照）みたいな感じ！葉唐辛子、日本の言葉で「箸休め」という？さっぱりしておいしい。ひじき煮、ワーオ！海藻を食べる、すばらしい文化。高菜炒めは葉野菜のソテー？セザム（ごま）がきいてる！そして、どのお惣菜もとってもバゲットと合うんです！ニッポンの人たち、私たちフランス人より唾液の量が少ないんですよね？だから、水分量の多いリュスティックやパン・ド・ロデヴだと、さらにおいしくお惣菜と一緒に食べられるんじゃないかな？

私が一番気に入ったのはピーナッツ味噌。これをつけただけでパンが止まらなくなる！お味噌ってブルーチーズに似た匂いがあるでしょう？カンパーニュやライ麦パンにも、すごく合うと思うんです。

「今の若い人、お惣菜食べてくれないのよね」って、石川屋のマダムがいってました。なんてもったいない！おしょうゆやお味噌も買って帰ったので、私、毎日真似して作って、パンと一緒に食べてます。特にピーナッツ味噌は簡単なので何回も作りました。レシピを載せておきますね。ア・ビアント（またね）！

## パンに合う和惣菜を発見！

1 | 2
--|--
 | 3

1. 谷中 石川屋で買ったお惣菜。左からひじき煮、おから、ピーナッツ味噌、右奥から高菜炒め、葉唐辛子、五目豆。2. お惣菜はすべて手作りでやさしい味。ごはんはもちろん、パンにもよく合う。3. 東京・谷中にある石川屋は昭和4年（1929年）創業の老舗お惣菜屋。昔ながらの手作りのおかずや漬けもの、飲みものなどを販売している。

## ピーナッツ味噌

**材料**

ピーナッツ（殻なし）… 100g
味噌 … 大さじ1
砂糖 … 大さじ1
はちみつ … 大さじ1
みりん … 大さじ1
植物油 … 適量
白ごま … 適量

**作り方**

❶ 小さなボウルに味噌からみりんまでの調味料を入れ、よく混ぜる。
❷ 中火で油を熱したフライパンにピーナッツを入れ、カリッとなるまで炒める。
❸ ②を弱火にし、①をまわし入れて煮詰める。
❹ ③を火から下ろし、ごまを加えて和える。

バゲットは1.5cmの輪切りにし、そのままオーブントースターで4分、色がつくまで焼いてカリッとさせる。焼き立てにバターを塗り、その上にピーナッツ味噌をのせて。

# カンパーニュ

## 【田舎者、再び最先端へ】

発祥・語源

発酵種を使い、ライ麦や全粒粉なども使って
重めに仕上げたパン。

材料

小麦粉、全粒粉、(ライ麦)、
発酵種(パン酵母の場合も)、水、塩

仏語でカンパーニュ＝田舎。その昔、ヨーロッパの村々
では、自家製の発酵種を用いた、大きくて重たいパンが
焼かれていました。19世紀にパン酵母(イースト)が発
明され、製粉機が近代化されて小麦粉が真っ白になると、

カンパーニュは新たに登場してきた軽やかなパンの陰に
隠れます。その代表選手は、パリで生まれたバゲットで
す。バゲットに押され、でっかくて重たいパンは「田舎
のパン」になります。パリの市場でよく見かける、近郊
から来た農家がこのパンを売る光景は象徴的です。
そんな時代遅れの田舎者は今、また「サワードゥ」とい
う名で、世界的に脚光を浴びています。こちらは、高加
水で生地を仕込み、高温で焼き上げることを特徴としま
すが、基本はカンパーニュと同じ。材料である全粒粉や
ライ麦には現代人に不足しがちな食物繊維やミネラルを
含みます。今、盛り上がっている発酵カルチャーとも共
鳴しつつ、田舎者が時代の最先端になったのです。

クープ

表面に粉

クラスト(皮)

クラスト（皮）

気泡

クラム（中身）

気泡は詰まって、中身の色は褐色。
皮が分厚くてカリカリ。

製法の特徴

## 酵母、乳酸菌……微生物のすみか「発酵種」

カンパーニュの特徴は発酵種で作られること。「天然酵母」や「酵母」と呼ばれることが多い発酵種は、実は酵母だけでなく、乳酸菌などのいろいろな菌がすむコロニーです。菌たちが働くことで、酸味や旨味などが作られ、複雑なおいしさになります。お店で手作りするものを特に「自家培養発酵種」といいますが、それはどのように作られるのでしょう。材料は小麦粉やレーズンなど。これらの素材には酵母が休眠状態で付着しています。ここに水を加え、温かいところに置いておくと、酵母は活動を開始。糖分を食べ、かわりに息をはいたり、アルコールを排出するようになります。パンが膨らむほど十分に酵母が活発になったものを「種」と呼ぶのです。

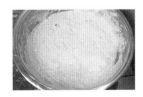

**ルヴァンの元種**
ウナギのたれのように全粒粉（または白い小麦粉）と水をつぎ足しながら、一部を使用。年月が経てば経つほど、パンを膨らませる力も、風味も安定する。

**レーズン種**
容器にレーズンと水を入れ、温かいところに置くと、レーズンについた酵母が活動を開始、ぷくぷく気泡が上がってくる。この液体を種として使用。

**バヌトンに入れる**
窯入れ前のカンパーニュ生地。1個分に分割した生地を3つ折りなど、膨らみやすい形に成形し、バヌトン（発酵カゴ）に入れ、最終発酵させる。

**クープを入れる**
窯入れ前の生地をバヌトンから出したところ。バヌトンによってオーバル形に整い、模様が生地についたことがわかる。ここにクープを入れ、オーブンに入れる。

切り方

# 豪快に厚切りか、意外に食べやすい薄切りか

1cm以下を「薄切り」、1cmより厚く2cmより薄いもの
を「標準切り」、2cm以上を「厚切り」と呼びます。軽
くて食べやすい薄切り、噛み応えも味わいも豪快な厚切
り、薄切りと厚切り両方のよさを楽しめる標準切り。約
1.5cm角のサイコロ状に切って、サラダに入れたり……。

「田舎パン」というぐらいですから、厚めで食べたい。で
も気泡が詰まって、油脂が入らないかためのパンなので
薄めが食べやすい。両者のせめぎ合いになります。何と
合わせるか、体調、食べる人の好み、気候に合わせて、厚
さを変えてはどうでしょう。

**厚切り**
当日〜2日目はトーストせず、3日目からはト
ーストするのがおすすめ。作り手によってカン
パーニュの味わいが異なるので、塩分の調整が
できる無塩バターをたっぷりと塗り、あとから
好みで塩を足すとよい。

**サイコロ切り**
ナイフで1.5cm角ぐらいのサイコロ状に切る
か、手でサイコロ大にちぎるかし、スープの浮き
実やサラダのトッピングに。バゲットで作る
（p.8参照）のとは異なる重厚な味わいになる。

サンドイッチにはさむ具材やオープンサンドイッ
チにのせるトッピングはp.32〜37を応用して！

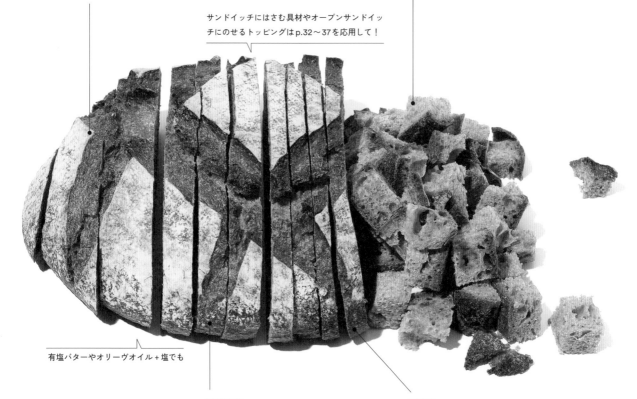

有塩バターやオリーヴオイル＋塩でも

**標準切り**
塗ったり、のせたり、オープンサンドイッチにし
たり、食事に添えたりと、他の食材と合わせてい
ろいろな食べ方ができる厚さ。p.33、36はすべ
てこの厚さで作っている。

**薄切り**
2枚ではさむサンドイッチや、丸形の大きなカ
ンパーニュをスライスしてオープンサンドイッ
チを作る場合におすすめの厚さ。皮が好きでは
ない方には食事用のパンとしても。

●スライスした断面が広くなる大きな丸いタイプの場合は、スライスした後、半分に切りましょう。

焼き方
# 日が経ったらトーストが楽しい

せっかく大きく焼いたパンなので、しっとり感を味わいたい。2日目ぐらいまでは焼かずに食べて、3日目以降は水分を補って焼き戻すことで、おいしく味わえます。スライス面に焼き目をつけたトーストは、生の状態とまた別のおいしさです。カンパーニュには、砂糖が入っていないので、食パンなどに比べて焼き目がつきにくいのですが、フライパンや焼き網ならいい焼き目がつけられます。その他の焼き方だと焼き目をつけるのは難しいですが、皮を香ばしくしたり、中身をモッチリやわらかくさせることは可能。厚切りがおいしいのも特徴です。

## フライパン

表面に焼き目がつきやすく、中はモッチリに。特に鉄製のフライパンだとパリパリになります。

① **スライスする**
2〜3cm程度に切る。おいしいカンパーニュなら、厚めにするとさらに楽しめる。

② **十分に水分を加える**
霧吹きなら裏表に4〜5プッシュ。霧吹きがない場合、指に水をつけて、表面をなぞっても。

③ **表面を焼く**
フライパンに置き、ふたをする。中強火で3分30秒程度。いい焼き目がついたら裏返す。

④ **裏面を焼く**
ふたをとり、裏返す。3分程度。いい焼き目がついたら完成。

## オーブントースター

右は厚切りの焼き方を紹介しています。薄切りの場合は、カリカリになるようによく焼くのがおすすめ。

**軽く温める**
厚切りにして霧吹きなどで水分を足し、2分程度焼く。

## 焼き網

霧吹きなどで水分を足し、中火で表約3分、裏約2分。焼き加減は焼き目がつく程度で。

## 魚焼きグリル

霧吹きなどで水分を足し、3分予熱したあと、中火で表約3分、裏約2分。焼き加減は焼き目がつく程度。

バリエーション

# 形違いや具入りなどが豊富に揃う包容力

1kg程度の大きく丸いタイプが、ホール、1/2、1/4で売られたり、量り売りされることも。食パン型に入れたタイプ、オーバル形も存在。水分の多い生地を高温で焼くカントリーブレッドも世界的に流行。健康を重視、雑穀を入れたものも最近は見かけます。レーズン、レーズンくるみ、いちじく、オレンジピール、クランベリー、チョコなど具材入りのものも一般的。その場合は、テーブルサイズやバトン（棒）形に成型されることも多いです。

**オーバル形**
食べ方は基本、丸形と同じ。丸形では作りにくいサンドイッチや小さいオープンサンドイッチが作りやすい形。

**マロン**
市販または自家製シャルキュトゥリ（p.137参照）と。コーンスープやクラムチャウダーなどのクリーム系のものにも合う。

**クランベリー**
欧米では七面鳥（ターキー）にクランベリーは鉄板。かわりに鶏肉を使ったもの（p.136参照）と合わせて。

### いちじく

甘味とプチプチ感があるので、旨味と塩味が強い食肉加工品（p.32参照）が合う。無塩バターを塗ってからのせよう。

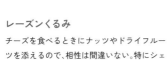

### レーズンくるみ

チーズを食べるときにナッツやドライフルーツを添えるので、相性は間違いない。特にシェーヴルや青カビタイプがおすすめ。

### レーズン

イギリスのクリスマススイーツ「クリスマスプディング」をまねて、ブランデーバター（p.156参照）を塗って。

### チョコ

アーモンドバター（p.151参照）、またはフレッシュチーズ＋レモンカード（p.44参照）など。青カビタイプのチーズと合わせてもおもしろい。

### オレンジピール

ほろ苦さがあるので、フレッシュチーズ＋エルブ・ド・プロヴァンス＋はちみつ、またはガナッシュ（p.158参照）などのチョコ系と。

食べ方 ❶

# 重厚かつ複雑な味わいは
# クセやコクのある具材と

乳酸菌や酵母が生み出す風味や酸味、全粒粉やライ麦のコクや香りなど、複雑な味わいのカンパーニュ。食材や料理も、その個性に負けない濃厚な味のもの、クセのあるもの、香りや酸味の強いものなどが合います。先にバター（あれば無塩）を塗っておくとベター。

## A チーズ

● **青カビタイプチーズ（ブルーチーズ）**
ロックフォール、ゴルゴンゾーラ、ダナブルーチーズなど

5mm〜1cm角くらいに砕いてのせる。カンパーニュはくるみや干しいちじくなどのナッツやドライフルーツ入りだとなおよい。一緒に、切った生のりんご、洋梨、いちじく、ぶどう、柿などをのせても。

● **ウォッシュタイプチーズ**
エポワス、マンステール、モン・ドールなど

チーズは厚さ1〜1.5cmに切り、皮は除いてもよい。つぶすようにしてパンに塗りつける。同様の厚さに切ったチーズを皮つきのままのせ、クミン（あればシード）をふり、オーブントースターでチーズが溶けるまで焼いてもよい。

● **シェーヴルチーズ**
サント・モール・ド・トゥーレーヌなど

形がいろいろあるが、厚さ1cmくらいに切り、つぶすようにしてパンに塗りつける。皮や灰は除いてもよい。冷蔵庫で熟成させれば（p.155参照）、水分が飛んで味が濃厚かつ複雑になり、よりカンパーニュに合うチーズになる。

● **ハードタイプチーズ**
コンテ、エメンタール、チェダーなど

バターを厚めに塗り、チーズスライサーやピーラーを使って薄くスライスしてのせる。さらにトーストしても。

## B 調理スプレッド

● **きのことくるみのスプレッド**（p.147参照）

● **フムス**（p.149参照）

● **玉ねぎのコンフィ**（p.144参照）

● **アボカドとピスタチオのスプレッド**（p.143参照）

● **アンショワイヤード**（p.141参照）

## C 食肉・水産加工品

● **生ハム／パンチェッタ（スライスタイプ）**
リコッタなどのフレッシュチーズを塗り、生ハム、野菜のロースト（p.148参照）をのせて。パンチェッタはベーコンのようにカリカリに焼いてから、上記の食べ方を。

● **サラミソーセージ／チョリソー（サラミタイプ）**
ペペロンチーノ風味のオイルで目玉焼き（p.132参照）を作るときに、サラミソーセージまたはチョリソーも温める程度に軽く焼いて、目玉焼きと一緒にのせる。

● **簡単レバーペースト**（p.138参照）／**豚肉のリエット**（p.137参照）／**パテ・ド・カンパーニュ**（p.137参照）

バターを塗ってから、塗ったりのせたりする。砕いたピンクペッパーやいちじくのコンフィチュール（p.150参照）をのせても。

● **スモークサーモン／スモークサーディン**
レモンバター（p.156参照）を塗り、スモークサーモンまたはスモークサーディンをのせ、手でちぎったディルをちらす。

● **魚卵（イクラ、タラコなど）**
みじん切りの玉ねぎ、刻んだ青ねぎ、みょうがなどを混ぜ込んだサワークリームを塗り、魚卵をのせる。

## D コンフィチュール / 甘いスプレッド & トッピング

● **いちじくのコンフィチュール**（p.150参照）

● **マロンクリーム**

● **ガナッシュ**（p.158参照）+ **ナツメグパウダー**

● **アーモンドバター**（p.151参照）

● **スパイスシュガー**（p.158参照）

● **はちみつ**
純粋はちみつ（水あめなどを添加したり、加熱したりせず、厳しい基準で作られたもの）かつ、花の香りや風味、味わいを楽しめる単花蜜（単一植物の花から作られたもの）が好相性。リキッドよりクリームタイプ、色は薄いより濃い方がカンパーニュ向き。

代表的な組み合わせ

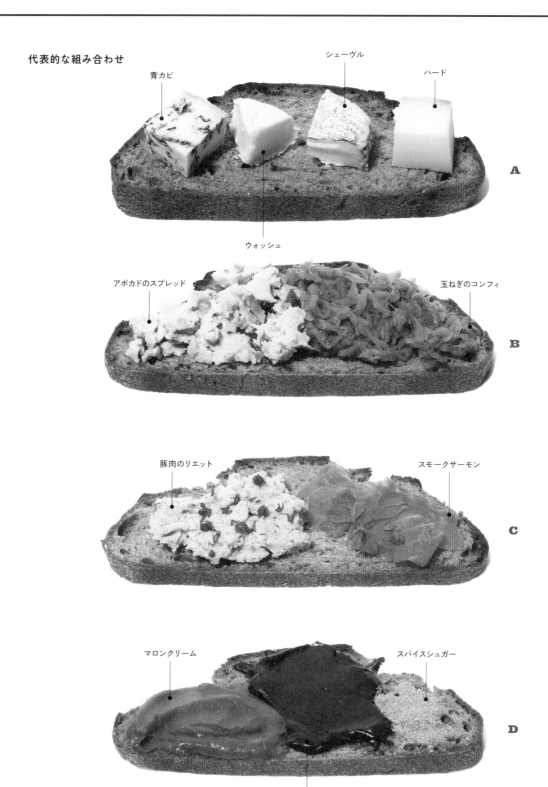

青カビ
シェーヴル
ハード
**A**
ウォッシュ

アボカドのスプレッド
玉ねぎのコンフィ
**B**

豚肉のリエット
スモークサーモン
**C**

マロンクリーム
スパイスシュガー
**D**
ガナッシュ

食べ方 ❷

# ひと手間かけてカンパーニュと味わう

合うお酒 ワイン（白・ロゼ・赤）、ウイスキー

### 栗とセージのミートローフ

本来、ローストチキンの中に詰めるフィリングをミートローフ仕立てにしました。
マッシュルームやりんごも入り風味豊かな味わいに。

**材料**
（20×11×高さ7.5cmパウンド型 1個分）

豚ひき肉 … 500g
卵 … 1個
玉ねぎ … 1/2個（125g）
マッシュルーム … 100g
セージ（生）… 1枝（葉7〜8枚）
りんご … 1/2個（150g）
むき栗 … 1袋（80g）
パン粉 … 20g
塩 … 小さじ1
こしょう … 少々

**作り方**

❶ りんごは皮と芯を除き、玉ねぎと一緒に、せん切りスライサーでおろす。マッシュルームはみじん切りにし、セージ（葉のみ）はさらに細かいみじん切りにする。

❷ 小さいボウルに卵を割り入れ、溶きほぐす。

❸ ②にパン粉を入れてよく混ぜ、パン粉をしめらせる。

❹ 大きいボウルにひき肉、塩、こしょうを入れ、手でねばりが出るまでよくこねる。

❺ ④に栗を加え、手でつぶしながらよく混ぜる。

❻ ⑤に③、①を順に加え、そのつどよく混ぜる。

❼ 型の内側にバター（分量外）を塗り、⑥をゴムべらですき間なく詰め、表面を平らにする。

❽ 180℃に温めたオーブンで約50分焼く。

❾ 完全に冷めたら、厚さ1.5cmに切ってお皿に盛る。好みでセージやコルニッションを飾る。

おいしいカンパーニュと合わせたくなる肉・魚・野菜を使ったフランス料理を厳選してご紹介。p.18～19のオニオング
ラタンスープやパンツァネッラ、p.133のクルトンのオムレツもカンパーニュで作るとリッチでおしゃれなひと皿に。

## 海の幸のスープ

多種の魚を使い、時間と手間をかけて作るスープ・ド・ポワソン（魚のスープ）を、
イカやエビ、貝類でだしをとって仕上げる簡単レシピにアレンジ。

**材料（2人分）**

イカ（小）… 1杯（150g）
エビ（有頭）… 4～6尾
アサリ（砂抜きしたもの）… 10～15個
白身魚（切り身）… 150g
玉ねぎ … 1/5個（50g）
にんじん … 1/3本（50g）
セロリ（茎）… 20g
にんにく … 2片（10g）
オリーヴオイル … 大さじ2
トマト缶（あればカットトマト）… 50g
水 … 500ml
塩 … 小さじ1/2
サフラン（ホール／あれば）… 10本
パセリ（生・葉・みじん切り）… 適量

**作り方**

❶ イカは胴から腹わたごと足を引き抜く。胴は軟骨を除いてよく洗い、1cm幅の輪切りにする。足は不可食部を除き、胴の輪と同じ長さに切る。エビは背わたをとって洗い、アサリはよく洗う。魚はひと口大に切る。水気が残っているものは、キッチンペーパーでしっかりふきとる。

❷ 玉ねぎ、にんじん、セロリ、にんにくはみじん切りにする。

❸ 中火でオリーヴオイルを熱した鍋に①のイカを入れ、焦げ目がついてイカ焼きの香ばしい匂いがしてくるまで炒める。

❹ ③に②を加え、玉ねぎが透き通るまで炒める。

❺ ④にトマトを加え、トマトの水分がなくなるまで炒める。

❻ ⑤に①の残りの魚介類、水、塩、サフランを加え、強火にしてふたをする。沸騰したらあくをとり、弱火にして好みの濃さになるまで10～20分煮込む。味を見て、塩（分量外）で調える。

❼ 器に盛り、パセリをちらす。

合うお酒　ワイン（白・ロゼ）

合うお酒　ビール、白ワイン

## 温かいシェーヴルチーズのサラダ

パリのカフェのメニューにあると必ず頼んでしまうのが、
温かいシェーヴルチーズトーストがトッピングの、この豪華なサラダです。

### 材料（1人分）

ベーコン … 1枚
シェーヴルチーズ（厚さ1cm）… 2枚
葉野菜（好みで／p.141参照）… 80g
ミニトマト … 4個
くるみ（ロースト）… 5個
ヴィネグレットソース
　白ワインヴィネガー
　… 大さじ1/2
　塩 … 小さじ1/5～1/4
　はちみつ … 小さじ1
　オリーヴオイル … 大さじ2
　こしょう … 少々
バター
　（あれば無塩またはオリーヴオイル）… 少々
エルブ・ド・プロヴァンス … 小さじ1/4
カンパーニュ（厚さ2cm）… 1枚

### 作り方

❶ 葉野菜は食べやすい大きさにちぎり、お皿に盛る。ラップをかけ、冷蔵庫に入れる。

❷ トマトは縦半分か縦4等分にし、くるみは半分に切る。

❸ ベーコンは1cm幅に切り、ヴィネグレットの材料内のオリーヴオイル大さじ1でカリカリになるまで焼く。使ったオリーヴオイルはとっておく。

❹ ヴィネグレットソースを作る。小さいボウルにヴィネガー、塩を入れ、小さい泡立て器でかき混ぜながら、塩をよく溶かす。

❺ ❹に残りの材料、❸のオリーヴオイルを順に加え、そのつどよく混ぜる。

❻ パンを半分に切り、両面にバターを塗る。

❼ ❻の上にチーズをのせ、エルブ・ド・プロヴァンスをふる。

❽ ❼をアルミホイルにのせ、オーブントースターでパンの縁に焦げ目がつくまで焼く。

❾ ❶に❷、❸のベーコンを彩りよくのせ、❺をまわしかける。中央に❽を置く。

食べ方 ❸

# 時間とともに
# 変化する風味を1週間楽しむ

日持ちがするカンパーニュは1週間ぐらいなら保存可能。だから週末においしいパン屋さんでまるっと1個買えば、1週間はおいしいカンパーニュが食べられます。ラップで包んで、ジッパーバッグなどでしっかりと密閉し、常温（夏場は冷蔵庫）で保存しましょう。日が経つごとに熟成し、味の変化が楽しめます。その際、指で乾燥具合をチェック、焼く前に霧吹きで水分を足すこと。

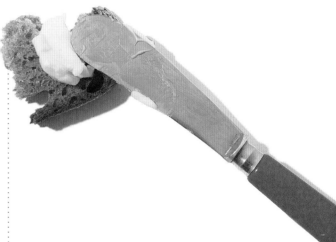

カンパーニュは厚さ1.5〜2cmにスライスする

**DAY**
**1** チーズとコンフィチュールのマリアージュを楽しむ

パンにバター、コンフィチュールの順に塗り、
チーズをのせる。

- コンテ×マロンクリーム
- 熟成シェーヴルチーズ（p.155参照）
  ×いちじくのコンフィチュール（p.150参照）
- ボフォール×ブルーベリーのコンフィチュール

**DAY**
**2** タルティーヌを楽しむ

パンにバターを塗り、玉ねぎのコンフィ（p.144参照）、
スモークサーディン、自家製セミドライトマト
（p.143参照）の順にのせる。

**DAY**
**3** タルティーヌを楽しむ

トーストしたパンにバター、きのことくるみのスプレッド
（p.147参照）の順に塗る。
その上に、カリカリに焼いたパンチェッタと
ルッコラをのせる。

**DAY**
**4** タルティーヌを楽しむ

パンに厚さ1.5cmに切った栗とセージのミートローフ
（p.34参照）をのせ、その上に
特製ハンバーグソース（p.71参照／好みで）を塗り、
シュレッドチーズをのせ、
オーブントースターでチーズが溶けて
焼き色がつくまで焼く。

**DAY**
**5** 温かいシェーヴルチーズのサラダ（p.36参照）のアレンジ

- 作り方⑦ではちみつをまわしかける。
- 作り方⑦でエルブ・ド・プロヴァンスのかわりに
  デュカ（p.154参照）をかける。

**DAY**
**6** 海の幸のスープ（p.35参照）のアレンジ

海の幸のスープに、
カンパーニュで作るガーリックトースト（p.156参照）と
ルイユ（p.153参照）を添える。

**DAY**
**7** カンパーニュのチーズフォンデュ（p.155参照）のアレンジ

チーズフォンデュが残り1/4量になったら、
ウオッシュチーズ（＋クミンシード）や
ブルーチーズ（＋刻んだくるみ）を細かくして溶かし、
味変させる。

# クロワッサン

## 【 百もの層が作るエアリーさ、バターの風味 】

**発祥・語源**

「三日月」を意味する仏語。
三日月形のためだが、最近は菱形が多い。
それは本国フランスでは、
バターを使ったクロワッサンを菱形で焼いているから。
対して三日月形のクロワッサンは、
マーガリンを使って焼いている。

**材料**

小麦粉、水、バター、砂糖、塩、
パン酵母、（卵）、（モルト）

17世紀のウィーン生まれという逸話もありますが、フランス（パリ）においては、1839年にウィーンから来た職人が開いた店が発祥のよう。当時はミルクパンのような生地で作られていたそうです。

20世紀に入るとバターが折り込まれ、層状になります。「三日月」という意味なのに、日本で見られるものは菱形。菱形は本来ちょっと贅沢なクロワッサン・オ・ブール（バター入りクロワッサン）の証。マーガリンではなくバターを入れれば許される形です。
表面はしっかり焼かれて香ばしくパリパリ、破片がくずれ落ちます（これが醍醐味！）が、中身は意外にしっとり、バターもトロッと。このコントラストを上手に作るのがパン職人の腕です。クロワッサン生地を使ったパンに、チョコを巻いたパン・オ・ショコラ、レーズンとカスタードを巻いたパン・オ・レザン（違う生地を使う場合も）があります。デニッシュもクロワッサンの仲間。成形の仕方を変え、具材を入れた菓子パンです。最近はソーセージを包んだ惣菜パンも増えています。クロワッサンはおやつでも、お惣菜でもいける万能選手です。

クラスト
（皮／階段状になっている）

階段状の部分に注目すると、1層が厚いザクザクタイプか、1層が薄いハラハラタイプかがわかる。

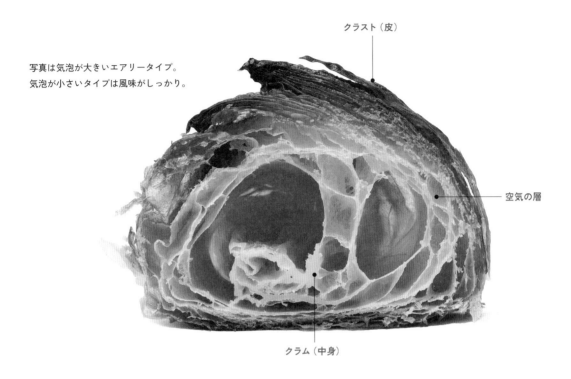

写真は気泡が大きいエアリータイプ。
気泡が小さいタイプは風味がしっかり。

クラスト（皮）

空気の層

クラム（中身）

製法の違い

# たくさんの層が
# できるのはなぜ？

薄い1層1層の間に入ったバターが、オーブンの熱で蒸発することで生地が持ち上がり、たくさんの層が生まれます。はじめにバターを生地で包み、それを薄くのばしながら折ることを繰り返します。3つ折り3回の3×3×3＝27層が基本ですが、最近は層の数を少なくするかわりに、1層を厚めにして、バター風味やバリバリ感を強調するタイプも増加。成形は1枚の生地を三角形に切り、それをくるくるっと3周程度巻くことで、層は100以上にも重なります。

① バターの折り込み1
薄く伸ばした生地でシート状のバターを包み込む。

② バターの折り込み2
①をのばしながら3つ折りや2つ折りを繰り返し、約20の層を作る。

③ 三角にカットして巻く
折り込んだ生地を三角形に切り、底辺を始点にくるくる巻く。

④ 成形完了
最後まで生地を巻き込んだら、クロワッサンの成形終了。

切り方

# 破片がくずれ落ちないよう慎重に

切り込みを入れれば、サンドイッチに使えます。切り方は「水平切り込み」「斜め切り込み」「縦切り込み」の3つ。切りやすいのは包丁よりも波刃のブレッドナイフ、小型で波刃のトマトナイフならさらによし。破片が出ないよう、慎重にいきたいところです。

そのまま食べるなら、皮がくずれるのがもったいないのでかぶりつくもよし、先端をちぎって中身の白いところに食いついてやわらかさを楽しむもよし。

**斜め切り込み**
水平切りと縦切りのいいとこどり。具材も見えやすく、口腔の上側に具が当たるので、具の味を豊かに感じられる。高さもそれほど出ない。

**水平切り込み**
安定してはさめ、食べやすい。ただ、具材が見えづらく、具材よりパンの味がしっかりとするのが特徴。完全に切断して（水平切り）、上下ではさんでもよい。

**縦切り込み**
具材が見えやすく、映える形。口腔の上側に具が当たるので、具の味を豊かに感じられる。高さが出るため、食べにくい面があるのが短所。

焼き方

# 余熱で温めれば焼き立てのおいしさに

皮はサクサク、中はふっくら。焼き立てのクロワッサンの感動は他にかえがたいもの。ですが、糖分が多いため、普通に焼くとすぐ焦げてしまうのが難点です。コツをつかめば、焼き立てのように焼き戻せます。

オーブントースター（魚焼きグリルでも可）を十分予熱（約3分）。クロワッサンを入れたら電源を切り、2分間放置。すると、皮はベストの焼け具合をキープしたまま、「サクサク、ふっくら、ホカホカ」がよみがえります。

① **オーブントースターを予熱**
3分程度、熱々に温まるまでしっかりと。

② **電源を切り、クロワッサンを入れる**
電源を切れば、決して焦げない。2分間放置して温める。

③ **でき上がり**
皮はバリバリ、焼き立てのようになる。

写真は2人分の朝食のイメージ。1人につき、クロワッサン1個とタルティーヌ1本は普通。カフェでもこれくらいのボリュームで出てくる。コンフィチュールははちみつも含め、2種類以上は揃えたい。

本場の朝食

## クロワッサンで迎える
## フランス人の週末の朝

フランス人の朝食は温かい飲みものとパンが基本です。週末には、いつものタルティーヌ（水平切りしたバゲット）にクロワッサンをプラスして少しだけ豪勢に。クロワッサンを近くのブランジュリー（パン屋）に買いに行くのはムッシュ（男性）の役目。マイボウルにコーヒーやカフェ・オ・レを注ぎ、砂糖を落としてスプーンでカチャカチャとかきまわします。これにクロワッサンを浸しながら食べる人もいて……、パンくずが飲みものの中に落ちてもおかまいなしです。

食べ方 ❶

# はさむものによって、おやつにも軽食にも！

**ビターチョコ**
薄いビターチョコレートをはさめば、即席パン・オ・ショコラに。

**ヌテラ**
ヘーゼルナッツチョコクリームのヌテラはフランス人好みの味に。

甘いクロワッサン

**スライスオレンジ**
スライスしたオレンジ（厚さ5mm）にはちみつ、シナモンをかけてはさむ、

**コンフィチュール**
ラズベリー、いちごなどベリー系のコンフィチュールがおすすめ。

**スライスりんご**
スライスりんご（皮つき・厚さ2〜3mm）にレモン汁、グラニュー糖をかけてはさんで。

**あんこ**
市販のつぶあん、こしあんを好みではさむ。切ったいちごをプラスしても。

●クロワッサンはすべて斜め切り込みをし、具材を詰めている。

クロワッサンは発酵生地にバターを何層にも折り込むので、パンで作るパイのようなものです。
甘いパイ、お惣菜系のパイをイメージしながら、クロワッサンの切り込みにちょっと足せるものを詰めてみました。

**スクランブルエッグ**

やわらかめのスクランブルエッグ（p.132参
照）をはさみ、こしょうをふりかけて。

**ハム + チーズ**

ボンレスハム、ピーラーで薄くスライスした
ハードチーズをはさんで。

**惣菜クロワッサン**

**ハーブトマト**

スライスしたトマトに塩、ドライハーブ（タイム
やオレガノなど）をふりかけてはさむ。

**レタスマスタード**

マスタードドレッシングで和えたレタスマスタ
ード（p.142参照）をたっぷりはさんで。

**ツナサラダ + スプラウト**

ツナサラダ（p.140参照）、辛味の強いクレソン
のような味わいのクレススプラウトをはさむ。

**クリームチーズ + スモークサーモン**

ベーグルで定番の組み合わせはクロワッサンに
もよく合う。

食べ方 ❷

# クロワッサンが甘いスイーツに大変身

## フロマージュ・ブランのパフェ風クロワッサン

フランスでポピュラーなフレッシュチーズ「フロマージュ・ブラン」に似た味を、日本で手に入る材料で再現しました。

**材料（1個分）**

自家製フロマージュ・ブラン
（作りやすい分量）
　プレーンヨーグルト … 200g
　生クリーム … 100ml
　砂糖 … 7.5g
オレンジ（厚さ5mm）… 2枚
はちみつ … 大さじ1/2
カルダモン（パウダー）… 少々
クロワッサン … 1個

**作り方**

❶自家製フロマージュ・ブラン（p.154参照）を作り、口径1cmの丸口金をつけた絞り袋に適量詰め、冷蔵庫に入れておく。
❷オレンジは半分に切り、キッチンばさみで皮をカットする。
❸お皿に②を重ならないように並べ、はちみつ、カルダモンの順にかける。
❹パンに斜め切り込みを入れ、下部の断面に①をすき間なく絞り出す。
❺④のフロマージュ・ブランの上に③をずらしながら並べる。

## チョコ入りレモンパイ風クロワッサン

甘酸っぱいレモンカードとクロワッサンの組み合わせは、レモンパイのような味わい。チョコレートを合わせるとおいしさが倍に。

**材料（1個分）**

レモンカード（作りやすい分量）
　卵 … 1個
　無塩バター … 20g
　レモン汁 … 50ml
　砂糖 … 90〜100g
ビターチョコレート
（3cm角、薄さ5mm）… 2枚
クロワッサン … 1個

**作り方**

❶レモンカードを作る。ボウルに卵を割り入れ、泡立て器で溶きほぐす。
❷小鍋にレモン汁、砂糖、バターを入れて弱火にかけ、ゴムべらでかき混ぜながら加熱する。軽く沸騰したら火から下ろす。
❸②の粗熱がとれたら、①に少しずつ加えながら泡立て器でよく混ぜる。
❹③を②の鍋に戻し、再び弱火にかける。ゴムべらで鍋底に8の字を書くように、かき混ぜ続ける。
❺④にとろみがついたら火から下ろし、煮沸消毒したビンに入れ、ふたをしっかり閉め、逆さまにして冷ます。
❻パンに斜め切り込みを入れ、下部の断面に完全に冷めた⑤を大さじ1塗り、チョコレートをはさむ。

●使用したパン：長さ13cm、幅7cmのクロワッサン

甘くして食べるのがクロワッサンは大得意。パイ生地に見立て、ケーキやパフェのように仕立てました。
イメージしたのは、フロマージュ・ブランのパフェにレモンパイ、モンブラン。それからエルメのイスパハンです。

## モンブラン風クロワッサン

栗の季節ではなくてもむき栗があれば、ラムシロップ漬けが簡単に作れます。
マロンクリームと合わせて栗づくしを演出。

**材料（1個分）**

甘栗のラムシロップ漬け
（クロワッサン3個分）
　むき栗 … 1袋（80g）
　レモン汁 … 2～3滴
　水 … 100ml
　砂糖 … 50g
　ラム酒 … 大さじ1
ホイップクリーム（作りやすい分量）
　生クリーム … 100ml
　砂糖 … 10g
マロンクリーム
（市販のもの）… 大さじ1
クロワッサン … 1個

**作り方**

❶ 甘栗のラムシロップ漬け（p.151参照）を作る。

❷ ホイップクリーム（p.157参照）を作り、口径1cmの丸口金をつけた絞り袋に適量詰め、冷蔵庫に入れておく。

❸ ①が完全に冷めたら、3～5個を半分に切る。

❹ パンに縦切り込みを入れ、切り込みの一番深いところにマロンクリームを塗る。

❺ ④のマロンクリームの上に、②を絞り、③を飾る。

## イスパハン風クロワッサン・オ・ザマンド

フランスの天才菓子職人ピエール・エルメが考案した「イスパハン」に
インスピレーションを受け、バラとラズベリーを合わせました。

**材料（2個分）**

バラ風味のアーモンドクリーム
　卵黄（室温に戻す）… 1個分
　無塩バター
　（室温に戻す）… 30g
　アーモンドパウダー … 30g
　砂糖 … 25g
　コーンスターチ … 小さじ1
　ローズウォーター … 大さじ1/2
シロップ
　水 … 40ml
　砂糖 … 20g
ラズベリー（生または冷凍）… 14個
スライスアーモンド … 適量
バラの花びら（ドライ・食用）… 8枚
粉砂糖 … 適量
クロワッサン … 2個

**作り方**

❶ バラ風味のアーモンドクリーム（p.158参照）を作り、平口金をつけた絞り袋に詰める。

❷ シロップを作る。小鍋に水と砂糖を入れて弱火にかけ、かき混ぜる。軽く沸騰したら、バットに流し入れる。

❸ パンを水平切りにし、それぞれをオーブントースターで軽く焼く。

❹ ③の両面を②にサッと浸し、クッキングシートを敷いた天板に並べる。

❺ 上のパンの表面に①を絞り、スライスアーモンドをちらす。

❻ 下のパンの断面に残りの①を絞り、ラズベリーを6個ずつ並べ、⑤をのせて粉砂糖をかける。

❼ 200℃に温めたオーブンで約20分焼く。

❽ ⑦が完全に冷めたら、ラズベリー、バラを飾る。

食べ方 ❸

# カフェメニューのようなクロワッサンサンド

### 特製ハム＆チーズクロワッサン

フランスのパン屋でも売られている惣菜クロワッサンの定番ハムとチーズ。
粒マスタードとキャラウェイでひと味違う仕上がりに。

**材料（1個分）**

ボンレスハム … 1枚
グリュイエールチーズ
（スライス）… 15g
粒マスタード … 小さじ1/2
キャラウェイ（シード）… 適量
クロワッサン … 1個

＊キャラウェイを
クミンにかえても。

**作り方**

❶ パンを水平切りにし、下のパンの断面にマスタードを塗る。
❷ ①のマスタードの上に、ハム、チーズ、軽くつぶして香りを出したキャラウェイを順にのせ、オーブントースターでチーズが溶けるまで焼く。
❸ 途中、上のパンもオーブントースターに入れ、軽く焼く。
❹ ②に③をのせる。

合うお酒 ビール

### 特製スクランブルエッグクロワッサン

ふわふわとした口当たりのスクランブルエッグとクロワッサンの相性は抜群。
野菜をプラスすればバランスのよいサンドイッチに。

**材料（1個分）**

スクランブルエッグ
　卵…1個
　生クリーム（または牛乳）
　…大さじ1
　バター…5g
　塩…小さじ1/10
　こしょう…少々
アスパラガス（あれば細め）
…2〜3本
にんにく（薄切り）…1〜2枚
オリーヴオイル … 大さじ1/2
塩、こしょう … 各少々
クロワッサン … 1個

＊とうもろこし、パプリカ、
ズッキーニ、マッシュルーム、
長ねぎなど、季節に応じて
はさむ野菜をかえても。

**作り方**

❶ アスパラガスはすじの多い根元から3cmを切り落とし、半分に切る。
❷ 小さいフライパンにオリーヴオイル、にんにくを入れ、中火にかける。にんにくがきつね色になったらとり出す。
❸ ②に①を加え、穂先に焼き色がつくまで炒め、塩、こしょうする。
❹ パンを水平切りにし、それぞれをオーブントースターで軽く焼く。
❺ スクランブルエッグ（p.132参照）をやわらかめに作る。
❻ 下のパンに⑤をのせ、好みで②のにんにくを砕いてちらす。
❼ ⑥に③をのせ、上のパンではさむ。

合うお酒 スパークリングワイン、白ワイン

● 使用したパン：長さ13cm、幅7cmのクロワッサン

クロワッサンは万能。スイーツだけでなく、お惣菜系にもなるのです。フランスで定番のハムチーズに、
クロワッサンをパイに見立てたオリジナルレシピ。サラダを添えてワンプレートディッシュに。

## イングリッシュブレックファーストクロワッサン

イングリッシュブレックファーストに欠かせない食材、ベーコン、
目玉焼き、トマトをサンド。ベーコンはメープルシロップで甘くして。

### 材料（1個分）

目玉焼き
- 卵 … 1個
- 植物油 … 大さじ1
- 塩、こしょう … 各少々

メープルベーコン
- ベーコン … 1枚
- メープルシロップ … 適量

トマト（小）… 1/2個（50g）
塩 … 少々
クロワッサン … 1個

### 作り方

❶ 目玉焼き（p.132参照）を作る。

❷ メープルベーコンを作る。ベーコンは半分に切り、①と同じフライパンでカリカリになるまで焼く。

❸ お皿にメープルシロップを注ぎ、②の片面を浸す。

❹ トマトは厚さ5mmに切り、軽く塩をふる。

❺ パンを水平切りにし、それぞれをオーブントースターで軽く焼く。

❻ 下のパンに③、④、①の順にのせ、上のパンではさむ。

合うお酒 ｜ ビール、ハイボール

## 特製カニサラダクロワッサン

ぜいたくなカニを手軽に味わうことのできるカニ缶を使ったこのサラダは、
バター感の強いクロワッサンによく合います。

### 材料（1個分）

香草とレモンのカニサラダ
- カニ缶（小）… 1/2缶
- きゅうり … 1/5本（30g）
- チャービル（生）… 1枝
（みじん切りで大さじ1/2）
- 青ねぎ（あれば細め）… 2〜3本
- レモンの皮
（すりおろし／あれば国産）… 少々
- マヨネーズ … 大さじ1
- 粒マスタード … 小さじ1/4

葉野菜（好みで／p.141参照）
… 1/2枚
クロワッサン … 1個

### 作り方

❶ 香草とレモンのカニサラダを作る。きゅうりは皮と種を除き、5mm角に切ってキッチンペーパーで水気をとる。

❷ チャービル（葉のみ）をみじん切りにし、青ねぎは小口切りにする。

❸ 小さいボウルに①、②、レモンの皮、マヨネーズ、マスタードを入れ、よく混ぜる。

❹ カニ缶は汁をしっかり除き、カニの身20gを③に加え、よく和える。

❺ パンを水平切りにし、それぞれをオーブントースターで軽く焼く。

❻ 下のパンに葉野菜、④の順にのせ、上のパンではさむ。

合うお酒 ｜ スパークリングワイン、白ワイン

妄想特派員だより ②

# 仏人のブリオッシュ愛はクロワッサン愛を超える！
# ブリオッシュ・ア・テットにアムールを込めて

ボンジュール！ パリ特派員のマドモワゼル・ルパンこと、ジャンヌです。そう、あのフランスを救った国民的ヒロイン、ジャンヌ・ダルクのジャンヌよ。よろしくね。日本のみな様、「ブリオッシュ」ってご存じ？ では、フランス王妃マリー＝アントワネットの「パンがなければお菓子を食べればいいじゃない」という、彼女の贅沢三昧を象徴するかのような暴言はご存じでしょうか？ この台詞（でっち上げ説が強いですが）、フランスの原文は「お菓子」のところが、brioche（ブリオッシュ）と書かれています。英語に翻訳されたときに、すでにbriocheがcakeと訳されていたようで……。なぜブリオッシュがケーキになったのでしょう。そこには、そうなるであろう歴史的背景があったのです。

ブリオッシュの歴史は、さかのぼること16世紀。酪農業で有名なフランス・ノルマンディ地方で誕生します。それから、私たちの祖先は、このブリオッシュを土台にし、ケーキやタルトを作りました。あの「サントノレ」というシューケーキだって、はじめはブリオッシュ生地で作られていたといいます。つまり、ブリオッシュはショートケーキのスポンジみたいな、いわゆるケーキ生地のはしりなんです。ですから、英語で「ケーキ」と訳され、日本語では「お菓子」になったのでしょう。

「甘いもの」が貴重だった時代に、「甘いもの」の象徴だったブリオッシュ。それが、私たちのDNAに長い時間をかけてすり込まれ、深い愛を感じさせているに違いありません。ウイ！ フランス全土には、その名残ともいえる、ブリオッシュを使ったご当地パン＆スイーツがいろいろあります。パン屋に行っても、小さいのから大きいので、いろいろ揃ってますよ。クロワッサン生地のバリエーションって、パン・オ・ショコラ（チョコレートクロワッサン）やクロワッサン・オ・ザマンド（アーモンドクロワッサン）くらいですが、ブリオッシュって汎用性が高いんです！ サレ（お惣菜系）にも合うんですよね。

さて、私たちのブリオッシュ愛を熱く語ったところで

……日本ではブリオッシュとして売っているお店は少ないけど、あんぱんの生地になったり、惣菜パンの土台になったりして、隠れてたくさん使われているよ、とムッシュ・池田にうかがいました。ジャポネ、天才！ 日本でも、ブリオッシュ・ア・テット（「頭つきのブリオッシュ」の意）なら、比較的手に入りやすいみたい。テット（頭）を外して穴を作り、ジャンヌのブリオッシュ愛を込めつつ、いろいろな具材を詰めてみました。ボンヌ・デギュスタシオン（どうぞご賞味あれ）！

パン屋だらけのパリの中でも、昔ながらの外観を保っているパン屋は歴史的建造物に指定されているところが多い。

ブリオッシュ・ア・テット、あられつきブリオッシュ、チョコチップ入りブリオッシュが並ぶショーケース。

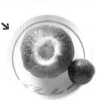

穴に詰めたいフィリングいろいろ

長径7cm、高さ8cmのブリオッシュを使用。
ブリオッシュの上部（頭）をとり、
下部の中身を押し、具材を詰めるための穴を作ります。

[ シュクレ ]（スイーツ系）

**アイスクリーム
＋フルーツ**

❶ 穴にヴァニラアイスクリームを詰める。
❷ 1cm弱角に切ったいちごをのせる。

**自家製カッテージチーズ
＋はちみつ**

❶ 自家製カッテージチーズ（p.155参照）を作る。
❷ 穴に①を1/4量詰め、はちみつをまわしかける。
❸ ②を1回くり返す。

**溶かしチョコレート
＋ナッツ**

❶ ヘーゼルナッツ5粒をオーブントースターでローストし、半分に切る。
❷ 小さい耐熱容器に手で割ったチョコレート15〜20gを入れ、電子レンジ（500W）に1分かけては混ぜるを、溶けるまでくり返す。
❸ 穴に①を2粒分入れ、②を半量流し入れる。
❹ ③をくり返し、最後に①の1粒分を飾る。
＊溶かしチョコレートのかわりに、ガナッシュ（p.158参照）でも。

[ サレ ]（お惣菜系）

**ブルーチーズ
＋くるみ**

❶ 小さいボウルに砕いたブルーチーズ3g、粗く刻んだくるみ（ロースト）10gを入れ、和える。
❷ 穴に①を詰める。
＊刻んだプルーンを加えたり、はちみつをかけたりと甘味を足してもよい。

**ソーセージ
＋ピスタチオクリームチーズ**

❶ 小さいボウルにクリームチーズ1個（18g）、刻んだピスタチオ5gを入れ、よく混ぜる。
❷ 厚さ2cmのソーセージ2個をゆでる。
❸ 穴に①を半量詰め、②を1個入れる。
❹ ③を1回くり返す。

**フォワグラ
＋いちじくのコンフィチュール**

❶ 穴にフォワグラ10gを詰め、いちじくのコンフィチュール（p.150参照）少量をかける。
❷ こしょうをかけ、セルフィーユの葉を飾る。

ジャンヌメモ

生ハム、パンチェッタなどの食肉加工品、パテ・ド・カンパーニュなどのシャルキュトゥリなども合うわよ。高級なハンバーガーを作りたいときはブリオッシュがおすすめ。その他、カマンベール＋りんごのコンフィチュールとか、スモークサーモンまたは魚卵（イクラなど）＋フレッシュチーズ＋青ねぎとか、ね。

# 食パン
## 【 日本人が人生で一番多く食べるパン 】

**発祥・語源**

（菓子パンや惣菜パンと区別し）主「食」として
食べるパンの意味（諸説あり）。

**材料**

小麦粉（強力粉）、水、砂糖、
（バター、牛乳、脱脂粉乳、卵など）、塩、パン酵母

ルーツは18世紀のイギリスで生まれた「ティンブレッ
ド」。産業革命期に、工場でティン（金属製の焼き型）に
入れて大量生産されるようになったため、この名がつき
ました。この型にはふたがなく、オーブンの中で膨らん
だ部分が飛び出し山食に。アメリカに渡ると、型にふた
をして焼かれるようになり、角食が生まれました。
日本では幕末の横浜にやって来たイギリス人が焼いたの
がはじまりですが、本格的に定着したのは、アメリカの
食文化が受け入れられた戦後のこと。トーストが朝の定
番となりました。食パンは日本人の味覚に受け入れられ
るよう進化。ふわふわモチモチ、みずみずしくて、ほん
のり甘く、舌触りはなめらかという、まるで白米を炊い
たごはんのようなパンになったのです。
日本では、イギリスにルーツを持つ山食パン（イギリス
パン）と、アメリカにルーツを持つ角食パンが混在。シ
ーンや気分に合わせて両者を使い分けましょう。

## 角食パン （角食）

ふたにぶつかってのびが抑えられ
るため、モッチリしっとりになる
のが特徴。気泡が小さくきめ細か
いため、舌触りはなめらか。

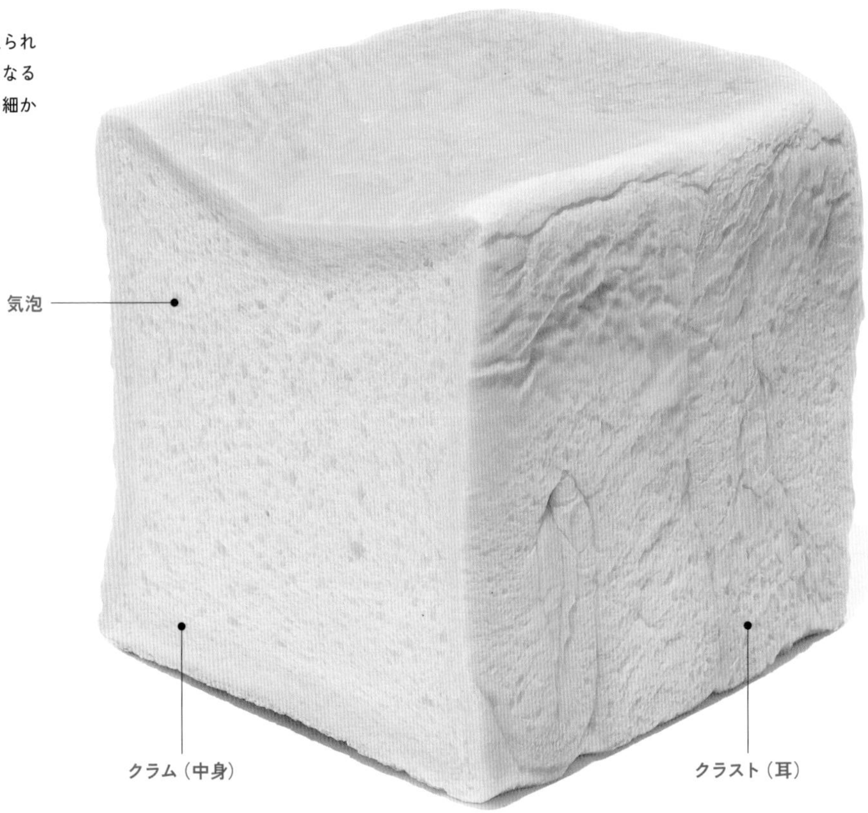

気泡

クラム（中身）

クラスト（耳）

製法の特徴

# モッチリ好きは→角食、ふんわり好きは→山食

パンの中でも最も縦へのボリュームが要求されるのが食パン。空気を抱え込むゴムのような役割をするグルテンをたくさん作る必要があります。材料としては、グルテンのもととなるタンパク質を多く含む強力粉を使用し、たくさんこねることで弾力のあるグルテンを作ります。

山食と角食の違いは、生地を型に入れたあと、ふたをするかしないか。ふたをして作る角食は、生地ののびが抑えられて、モッチリできめ細やか。ふたをしない山食は、ふわっとして、きめは粗くなります。

左が角食。右が山食。同じ型に入れてもふたを閉めると角食になり、ふたをしないと山食になる。

## 山食パン（山食）

山が飛び出しているため、ボリュームが出て、ふわふわに。気泡は縦長になり、触感は粗め。トップは直に熱が当たって香ばしい。

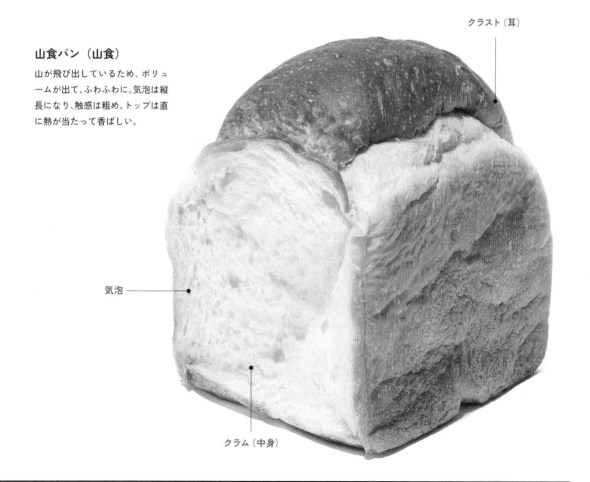

クラスト（耳）

気泡

クラム（中身）

バリエーション

# 食パンほど個性いろいろなパンはない！

どんな生地でも型に入れて焼けば、それは食パン。ゆえに、食パンには多種多様なタイプがあります。どういうシーンで食べるかに合わせて選んだり、逆に買った食パンに合わせて食べ方を考えるのも楽しいもの。

個性を知る上で、まず大事なポイントは甘さ。生食パン、ホテルブレッドのような甘いタイプと、ハードトーストのような甘くないタイプでは、味わいは全く異なります。一般的な食パン、湯種（高加水）食パン、全粒粉食パン

の場合、お店ごとに異なるので、どのような甘さかを確認して購入したいものです。

次に大事なのは、モッチリ（食感重め）タイプなのか、ふわふわタイプなのか。湯種（高加水）食パンなど加水が多いもの（生食パンもこちらの場合がある）、ハードトーストはモッチリ重め。対して、ホテルブレッドやブリオッシュ食パンは、ボリュームを出して、ふわふわさを際立たせています。

A-1

A-2

**A　一般的な食パン**

ベーカリーでよく売られているタイプ。バタートーストに、ジャムを塗って、目玉焼きなど塩っぱいもの……と全方位的に相性がよい。毎日飽きずに食べられる、ほんのり甘い風味がある。

**B　全粒粉食パン**

全粒粉を配合した食パン。食感は重くなりがちだが、風味は濃厚。ふすまの粒々感があることも。トーストすると全体が香ばしく、バターとの相性がいい。食物繊維・ミネラル分を多く含む。

**C　湯種（高加水）食パン**

モチモチ感、しっとり感があり、口溶けもいい。粉がしっかり水を吸い α 化（p.123参照）しているので甘味があり、日持ちする。高加水（粉に対し約80％以上）になると、ぶるぶる感が出てくる。

**D　ハードトースト**

バゲット（フランスパン）生地（p.6参照）の食パン。油脂を入れて生地ののびをよくすることも。どんなおかずにも合い、トーストするとすごく香ばしくなり、表面がバリバリに。食感は重め。

## 食パングラフ

横軸は甘さ、縦軸は生地の食感を表現。右に行くほど
甘く、上に行くほど食感が軽い。一般的な食パン（角
食）は中央に位置し、山食は食感が軽め。ただし、全
粒粉食パンは全粒粉が入った食パンの総称のため、
配合率が10～100%、甘さも様々なものが存在する。

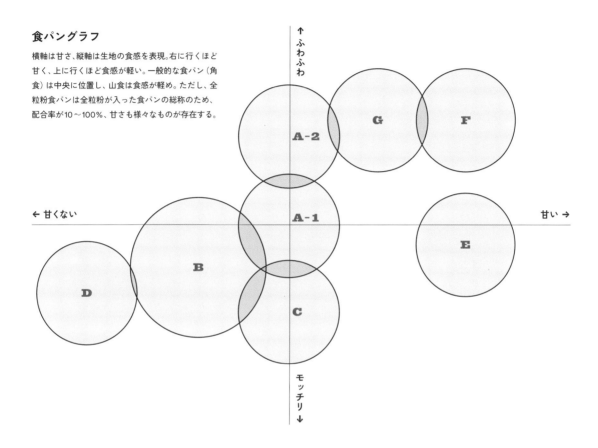

↑
ふわふわ

← 甘くない

甘い →

A-2

G

F

A-1

E

D

B

C

↓
モッチリ

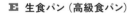

**E 生食パン（高級食パン）**

砂糖、マーガリンや生クリーム、バターな
どの油脂類をたくさん入れ、甘さ、モッチ
リ感を強調。料理と合わせるより、朝食や
おやつに向く。ジャムやあんこを塗った
り、フルーツをのせたり。

**F ホテルブレッド**

マーガリンや生クリームをたくさん配合。
ソフトでボリュームがあり、食感はふわ
ふわ。生食パン同様、朝食・おやつ向き。
トーストするとサクサクになり、リエッ
トのようなペースト状のものとも好相性。

**G ブリオッシュ食パン**

バター、卵を配合したリッチなパン。ジャ
ムやチョコなど甘いスプレッドを塗れば
おやつに早変わり。フォワグラ、レバーペー
スト、白カビチーズと好相性。ハンバー
ガーやフレンチトーストにも。

切り方

# 切り方によって食パンはキャラを変える

**8枚切り**（1.5cm）

薄切りタイプ。トーストすると歯切れも口溶けもいい。全体に火が入るので、パリパリ感はあるが、モッチリ感や小麦の白い風味は消える。サンドイッチには具材を問わず幅広く合う。

**12枚切り**（1cm）

サンドイッチ用として売られている厚さ。繊細なサンドイッチに向くが、ボリュームのある具材だともの足りないかも。トーストするとサクサクして意外に食べやすく、紅茶とも合う。

**6枚切り**（2cm）

万能タイプ。薄切りの食べやすさと厚切りのボリューム感を兼ね備えるが、中途半端ともいえる。用途が決まっていない場合おすすめ。肉など具材たっぷりの豪快なサンドイッチに向く。

**5枚切り**（2.4cm）

4枚切りと共に厚切りタイプの切り方。こちらの方がやや軽く、口溶けがスムーズ。表面のパリパリ感と中身のモッチリの共存を楽しむことができる。サンドイッチには向かない。

**4枚切り**（3cm）

喫茶店のトーストのような極厚の切り方。トーストしたとき、表面だけがパリッとし、中はモチッ、トロッとした感じに。どんな具材と合わせても、パンの味が勝つ。

普段なにげなく行っている切るという行為も、深掘りすれば、おいしさが変わります。例えば、シーンによってトーストの厚さを使い分けては？暑い日は唾液の分泌が少なく、食欲がなくなります。こんな日はいつもより薄く切りましょう。パリパリとした食感が心地よく、口溶けもよくなるので、難なく喉を通ります。

おいしい食パンを買った日は厚切りで。いい食パンは総じて口溶けがよく、厚切りに向きます。また、ひと口に入るパンの量が増え、おいしさをたっぷりと味わえるでしょう。休みの日、丁寧にコーヒーを淹れてゆっくり朝食を楽しむときも厚切りがいいですね。2人分用意するとき、8枚切りを1枚ずつ食べるより、じっくりトーストした4枚切りを半分こした方が贅沢に感じられます。切ってから焼くか、焼いてから切るかでも、「同じパン？」と思うほど変わってきます。前者だと、火が内部にしっかり入るため、食感が軽くなり、小麦の風味も立つ。表面積が増えるのでパリパリした外身の好きな人にもおすすめです。

### 半分にカット
オーソドックス。角が多くなり、食べやすい形。
3等分に切るのも同様のメリットがある。

### スティック切り
ペーストや半熟卵をディップするときに。
細くて食べやすいので、パンが苦手な子供も好む。

### ポケット切り
2分割後、中央に切り込みを入れるとポケットになる。
カレーなど汁ものが入れられる。

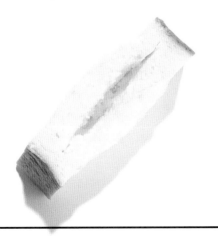

### 切り込み
トーストするとき火が内部に入りやすくなり、
バターも中までしみ込んでおいしい。

焼き方
# その瞬間の焼き色のベストを探そう!

オーブントースターでの焼き時間の目安（すべて1000W）

**1分30秒** ミディアムレア

焼き加減のグラデーションがあるので、オリジナルの味わいと香ばしく焼いたおいしさが共存。バランスが白っぽい方に傾いているので、繊細な味の料理とも合わせやすい。

**0分** 生

はじめて買ったパンはまずは生で食べ、個性や職人さんの仕事を味わってみよう。生食パンだけでなく、すべての食パンに、しみじみとした生のおいしさがある。

**1分** レア

表面が乾いた程度。オリジナルの味わいを壊さない。白身魚や生のマッシュルームなど風味が繊細なもの、ミルクジャムやチーズなどミルキーなものとも相性がよい。

## 少し時間があるときのためのこだわりバタートースト

4枚または5枚切りの食パンを使用

フライパン

① **パンに切り込みを入れる**

中央に十字など。貫通しないよう注意。

② **フライパンに食パンを置く**

その際、パンにかからないよう鍋肌に沿って水10mlを入れる。

③ **ふたをして中火で蒸し焼きに**

中火で3分30秒〜4分（冷凍の場合＋30秒）。香ばしい香りがしてきたらめくって裏側の焼き加減をチェック（好みの焼き色がついたらひっくり返す）。

「トーストのいい焼き色ってなんですか？」と聞かれたら、僕は「グラデーション」と答えます。白いところもあるし、耳がちょっとだけ焦げているところもある。こんな焼き加減だと、ひとつのパンの中に様々なおいしさが同居し、飽くことなく1枚を楽しむことができます。反対に、すべてに濃厚な焼き色をつけてしまった場合。濃厚な焼き色の部分は主張が強く、内部の白っぽい部分の

味わいを消してしまいます。また、乾燥焼き状態になり、潤いが飛んでしまうのもいただけません。ベストの焼き加減はパンによって変わります。いいお店にわざわざ出かけて買ったパンは、レアかミディアムレアで味わいたい。職人さんの仕事を消してしまいたくないからです。僕は毎朝パンをトーストしますが、寝覚めのいい日、調子のいい日は、トーストもうまくいくようです。

**2分　ミディアム**

いわゆる「きつね色」の状態。最大公約数的なおいしいトーストの焼き色。溶けたバターやコーヒー、ミルクティーとも相性がよい。肉料理など強い味わいの料理に合わせても。

**3分　ウェルダン**

焦げる一歩手前。香ばしさによってその他の風味をマスキングできるので、古くなったパンや、オフフレーバー（いわゆるイースト臭など）を感じるものもおいしく食べられる。

**④ ひっくり返してバターをのせる**

ふたを外して30秒（冷凍の場合＋15秒）。このときバター10g（量は好みで）をのせて溶かす。

**⑤ 火を止めて30秒待てば完成！**

余熱で中まで火を通す。

**オーブントースター**

**① 霧吹きする**

霧吹き2プッシュで食パンに水分を足す。

**② オーブントースターで焼く**

約2分の予熱のあと、約1分30秒（山食パンの場合は山側を手前に）焼く。

**③ バターを溶かす**

加熱を止めてバターをのせたら扉をいったん閉めて約30秒放置する（内部にもしっかり熱が入る）。

食べ方 ❶

# 日本人が大好きなサンド＆トースト

### ぷるぷる厚焼き卵のサンドイッチ

大人気の厚焼き卵サンドイッチ。ぷるぷる食感の厚焼き卵が電子レンジで簡単に作れます。辛子マヨネーズがよいアクセントに。

**材料（4切分）**

ぷるぷる厚焼き卵
　卵 … 3個
　牛乳 … 50ml
　塩 … 小さじ1/5
　砂糖 … 小さじ1
　マヨネーズ … 大さじ1
辛子マヨネーズ
　マヨネーズ … 大さじ1
　和辛子 … 小さじ1/4
バター（室温に戻す）… 5g
角食パン（6枚切り）… 2枚

**作り方**

❶ ぷるぷる厚焼き卵（p.133参照）を作る。
❷ 広げたラップの上に①をひっくり返し、ラップでしっかり覆い、パンの大きさに合うように形を整える。
❸ 辛子マヨネーズを作る。小さいボウルにマヨネーズと辛子を入れ、よく混ぜる。
❹ パンの片面にバターを塗り、もう1枚の片面に③を塗る。
❺ 広げたラップの上に④のバターを塗ったパン、②の順にのせ、もう1枚のパンではさむ。全体をラップで覆い、室温（または冷蔵庫）に最低10分置く。
❻ ラップをつけたまま、⑤の耳を切り落とし、2つの対角線で切って4等分にする。

合うお酒 ビール、日本酒

### 即席ピザソースのピザトースト

冷蔵庫にピザソースがない、そんなときは、冷蔵庫にあるもので簡単にピザソースが作れます。白ワインがない場合は、料理酒または水で代用しましょう。

**材料（1枚分）**

ミニサラミ … 3枚
シュレッドチーズ … 30g＋少々
マッシュルーム … 2個
ミニトマト … 3個
ピーマン … 1/2個
玉ねぎ（薄切り）… 2〜3枚
即席ピザソース
　バター … 5g
　ケチャップ … 大さじ1+1/2（15g）
　白ワイン … 小さじ1
　にんにく
　（すりおろし）… 耳かき3杯分
　ドライハーブ … ひとつまみ
こしょう … 少々
角食パン（5枚切り）… 1枚

**作り方**

❶ 即席ピザソースを作る。小さい耐熱容器にバターを入れ、電子レンジ（500W）で約15秒加熱して溶かす。
❷ ①にケチャップ、ワイン、にんにく、ドライハーブを順に加え、そのつどよく混ぜる。
❸ サラミは半分に、マッシュルーム、トマトは厚さ5mmに切る。ピーマンは種をとり、厚さ5mmの輪切りにする。
❹ パンに②を塗り、③のサラミ、マッシュルームをすき間なく並べる。
❺ ④にチーズ30gを広げ、③のトマト、ピーマン、玉ねぎをのせ、チーズ少々をちらす。
❻ ⑤をオーブントースターで、チーズが溶けてパンの縁がカリッとなるまで焼く。
❼ ⑥にこしょうをふる。

合うお酒 ビール、ワイン（白・ロゼ）

日本人の大好きな食パンは、まず日本らしい食べ方で。卵サンド、ピザトーストにフルーツサンド。
懐かしい定番のレシピにひと工夫し、素材のおいしさや食感の妙をつけ加えた進化系バージョンです。

## 自家製フロマージュ・ブランのフルーツサンド

フルーツサンドはホイップクリームが定番ですが、
自家製フロマージュ・ブランを加え、ほのかな酸味のあるクリームで作りました。

### 材料 (3切分)

自家製フロマージュ・ブラン
　プレーンヨーグルト … 80g
　生クリーム … 50ml
　砂糖 … 10g
ホイップクリーム
　生クリーム … 50ml
　砂糖 … 5g
いちご … 4粒
キウイ … 1/2個
角食パン(8枚切り) … 2枚

### 作り方

❶ 自家製フロマージュ・ブランを作る。コーヒードリッパーに紙フィルターをはめ込み、ドリッパーの下に水分を受けるための容器を置く。

❷ ボウルにヨーグルト、砂糖を入れ、泡立て器でよく混ぜる。

❸ ②に生クリームを加え、均一になるまで混ぜる。

❹ ①のドリッパーに③を流し入れ、ラップをかけ、冷蔵庫に最低1時間30分入れる。

❺ ホイップクリームを作る。別のボウルに生クリーム、砂糖を入れ、よく混ぜる。

❻ ⑤の底を氷水で冷やしながら、角が立つまで泡立てる。ラップをかけ、冷蔵庫に入れる。

❼ いちごはへたを、キウイは皮を除き、それぞれ厚さ5mmに切る。

❽ ④がほどよいかたさになったら、⑥に加え、泡立て器でなめらかな状態になるまで混ぜる。

❾ 広げたラップの上にパン1枚をのせ、⑧の半量を塗る。切り口の断面を考えながら⑦を並べる。

❿ ⑨の上に残りの⑧をのせ、果物をきれいに覆い、もう1枚のパンではさむ。

⓫ ⑩の全体をラップで覆い、冷蔵庫に最低5分入れる。

⓬ ラップをつけたまま、耳を切り落とし、垂直に3等分に切る。

合うお酒　スパークリングワイン

食べ方 ❷

# 外国生まれのサンドイッチいろいろ

合うお酒 赤ワイン（フル・ミディアム）、黒ビール

### 即席ローストビーフのサンドイッチ

食パンが生まれたイギリスの定番サンドイッチ。
牛の薄切り肉を重ねてフライパンで焼いた即席ローストビーフをはさみます。

**材料（2切分）**

即席ローストビーフ（食パン4枚分）
　薄切り牛モモ肉 … 250〜300g
　塩 … 小さじ1/4
　こしょう … 適量
　オリーヴオイル … 大さじ1
クレソン … 15g
ホースラディッシュマヨネーズ
　マヨネーズ … 大さじ1+1/2（15g）
　ホースラディッシュ … 小さじ3/4
バター（室温に戻す）… 10g
イギリス食パン（6枚切り）… 2枚

＊ホースラディッシュがなければ、
練りわさび小さじ3/4で代用可。

**作り方**

❶即席ローストビーフ（p.136参照）を作る。
❷クレソンは根元から1cmを切り落として洗い、氷水にさらす。
❸ホースラディッシュマヨネーズを作る。小さいボウルにマヨネーズ、ホースラディッシュを入れ、よく混ぜる。
❹②の水を切ってキッチンペーパーで水気をとり、半分に切る。
❺パンはオーブントースターでミディアムレア（p.56参照）になるまで焼く。
❻⑤（パン2枚分）の片面にバターを塗り、1枚のバターを塗った面に、①の半量をはがしながらのせる。
❼⑥の上に③を塗って④をのせ、もう1枚のパンではさみ、垂直に2等分にする。

合うお酒 ビール、白ワイン

### ツナメルトサンドイッチ

アメリカ生まれのツナを使った定番ホットサンドイッチ。
これでフライパンで作るホットサンドイッチを覚えれば、他の具材で応用も可。

**材料（2切分）**

ツナサラダ
　ツナ缶（70g）… 1缶
　玉ねぎ（あれば赤）… 15g
　セロリ（茎）… 10g
　自家製ピクルス
　（きゅうりp.148参照／
　または市販のスイートピクルス）
　… 10g
　マヨネーズ … 大さじ1+1/2（15g）
　こしょう … 少々
レッドチェダーチーズ … 20g
バター … 10g
イギリス食パン（6枚切り）… 2枚

＊レッドチェダーチーズがなければ、
シュレッドチーズ、
スライスチーズで代用可。

**作り方**

❶ツナサラダを作る。玉ねぎ、すじをとったセロリ、ピクルスはみじん切りにする。
❷ツナ缶は油をしっかり除き、ツナ60gをボウルに入れ、①、マヨネーズ、こしょうを加え、よく和える。
❸パン1枚の上に②を広げ、チーズをのせる。
❹フライパンにバター半量を入れて中火にかけ、バターが溶けたら、③をのせてもう1枚のパンを重ねる。フライ返しで軽く押しながら数分焼く。
❺焼き色がついたら④をひっくり返し、残りのバターを加え、もう片面に焼き色がつくまで焼く。
❻⑤を対角線で切り、2等分にする。

＊作り方③でツナサラダとチーズの間に、スライストマトをはさんでも。

ローストビーフサンド、ツナメルト、キューカンバーサンド……米英で定番の食パンサンドを簡単においしく作れないか？と考えたのがこちらのレシピ。もうひとつ、デザートはマクドナルドのアップルパイのイメージです。

合うお酒 ビール、白ワイン

## ボンベイポテトときゅうりのサンドイッチ

インド風のじゃがいもが入りボリュームが出るので、
食パンは少し薄めの8枚切りを使いましょう。野菜だけなのに食べ応え満点。

### 材料（2切分）

*きゅうりのマリネ*
　きゅうり … 1/2本
　塩 … 小さじ1/8
　白ワイン … 小さじ1
*ボンベイポテト*
　じゃがいも（中）… 2個（250g）
　植物油 … 大さじ1/2
　マスタード、クミン（共にシード）
　　… 各小さじ1/4
　ローリエ … 1枚
　塩 … 小さじ1/4
　ターメリック、コリアンダー
　　（共にパウダー）… 各小さじ1/8
　タバスコ … 少々
バター（室温に戻す）… 10g
角食パン（8枚切り）… 2枚

### 作り方

❶ きゅうりのマリネ（p.142参照）を作り、冷蔵庫に入れる。
❷ ボンベイポテト（p.146参照）を作る。
❸ パンはオーブントースターでミディアム（p.57参照）になるまで焼く。
❹ ③（パン2枚分）の片面にバターを塗り、1枚のバターを塗った面に②を広げる。
❺ ④の上にキッチンペーパーで水気をとった①をずらしながら並べ、もう1枚のパンではさむ。
❻ ⑤を垂直に2等分にする。

## アップルホットサンド

ホットサンドメーカーで作るりんごのサンドイッチはアップルパイのよう。
焼き模様がかわいいのでワッフルメーカーを使用しました。

合うお酒 赤ワイン

### 材料（2切分）

*カラメルりんご*
　りんご … 1個（300g）
　砂糖 … 40g
　水 … 大さじ1
　カルダモン（パウダー）… 2つまみ
バター（室温に戻す）… 20g
イギリス食パン（6枚切り）… 2枚

### 作り方

❶ カラメルりんご（p.149参照）を作る。
❷ パン2枚の片面にバター5gずつを塗り、1枚のバターを塗った面に①を広げ、もう1枚のパンではさむ。
❸ 小さい耐熱容器に残りのバターを入れ、電子レンジ（500W）で約15秒加熱して溶かす。
❹ ホットサンドメーカーの内側に、刷毛などで③を薄く塗り、②をはさんで焼く。途中、パンの両面にも③を塗る。
❺ ④を垂直に2等分にする。

＊作り方④で塗る溶かしバターの量が多いほど、いい焼き色になる。

妄想特派員だより ③

# 具材とトーストをひとつの鉄板で合体させる
# 韓国のストリートフード「屋台トースト」

アンニョハセヨ！ 日本に来て2年目、ソウル出身の留学生、キム・パンジャムです。東京に住んでいます。日本語、まだまだ上手じゃないですが、どうぞよろしくお願いいたします。

東京の暮らしは好きです。マンガ・アニメも見放題（勉強もちゃんとしてますよ）！ でも、これがあればいうことないのになあと、思うものがあります。それは露店式の「屋台」です。韓国語で「ノジョム」といいます。人通りが多い道にあります。歩きながら食べられるおやつや軽食を売ってる。どれもおいしいです。おでんを売る屋台もありますよ。日本のコンビニみたい。私、一番好きだったのが、キルッコリ・トストゥ（屋台トースト）です。鉄板の上でね、野菜たっぷりの卵焼きとたっぷりのバターでトーストした食パンを合体させるホットサンドね。韓国人は野菜たくさん食べるから、卵にもたっぷり入るんです。定番の味つけはケチャップと砂糖。信じられないかもしれませんが、この砂糖がかくし味なんですよー。練乳でもいいね。韓国人、朝ごはんに食べるんです。私も大学に行く前、屋台で買って食べてました。100円ちょっとなので、「お財布にもやさしい」という？ です。懐かしいわー。屋台のアジュンマ（おばちゃん）、元気かな？ おうちでも作れるのでご披露します。

あと、「ワンパントースト」も。これは韓国の友達の間で流行ってて教えてもらいました。薄焼き卵の上にカットした食パンを置いて、ひっくり返して卵をたたむね。で、チーズとジャムをのせて、半分に折ります。これもバターたっぷりだから、まるでフレンチトーストみたいな味よー。卵だけでもおいしい。屋台トーストよりもずっと簡単なので、作ってみて（レシピはp.134参照）。これ食べて、今日も勉強がんばるね！ アンニョン〜。

屋台トースト　　　　　　　　ワンパントースト

## 屋台トースト

**材料（2切分）**

ロースハム … 2枚
卵 … 1個
キャベツ … 20g
にんじん … 15g
青ねぎ … 2〜3本
塩 … 少々
バター … 15〜20g
ケチャップ … 適量
砂糖 … 適量
食パン（8枚切り）… 2枚

**作り方**

❶ ハム、キャベツ、にんじんはせん切りにし、青ねぎは小口切りにする。

❷ ボウルに卵を割り入れ、お箸でしっかり溶きほぐす。

❸ ②に①と塩を加え、よく混ぜる。

❹ フライパンを中火にかけ、バター1/5量を入れて溶かす。

❺ ④に③を流し入れ、食パンのサイズの四角に整え、両面を焼く。バットに移す。

❻ 同じフライパンにバター2/5量を入れ、溶けたところにパンを置き、片面がきつね色になるまで焼く。

❼ ⑥に残りのバターを入れ、パンをひっくり返し、もう片面がきつね色になるまで焼く。

❽ ⑦の1枚の上に⑤をのせ、ケチャップ（写真下）、砂糖の順にかけ、もう1枚ではさむ。

❾ ⑧を対角線で切り、2等分にする。

妄想特派員だより ④

# パンの原形をとどめる平焼きパン、ピタ
# 小皿料理と一緒に楽しむメゼの名脇役

左から時計回りに4等分に切ったピタ／フムス：ひよこ豆のペースト（p.149参照）／タブーリ：レバノン風パセリサラダ（p.142参照）／ムハンマラ：パプリカとくるみのペースト（p.144参照）／ババガヌーシュ：焼きなすのペースト（p.147参照）／タラモサラダ：ギリシャ風魚卵のペースト（p.146のタラモサラダで代用可）

ピタ

メルハバ！オレは中東代表トルコ特派員のムスタファ・ピターヒン。エッヘン！パンの原形といわれるものが、我々の住む中東地域で生まれたのは知ってるか？その頃はまだ「発酵」という技術が発見されておらず、麦や大麦をすりつぶして水と一緒にこね、丸くのばして焼いただけだったんだ。今でいう「無発酵パン」（p.117参照）というやつだな。今でも、中東や地中海周辺地域では、平たいタイプのパンが日常的に食べられている。その代表が「ピタ」。日本では、よくキッチンカーで売られているケバブサンド（オレの友達もバイトでせっせと作ってるよ）、あれに使われている丸くて白いパンだ。中が空洞になっているから、「ポケットブレッド」とも呼ばれている。そこにケバブ（焼いた肉）や生野菜を詰めてサンドイッチが作れる。「ファラフェル」というひよこ豆で作る団子状のコロッケと野菜を詰めたファラフェルサンドイッチも人気だな。

実は、このパンには別の食べ方があってな。4等分に切って、いろいろなペーストをつけて食べるんだ。自分らの国の『パンのトリセツ』に、いろいろなペーストやスプレッドが紹介されてると聞いて、オレの出番だって思ったね。

ピタとペースト類を食べるんだったら、ぜひ、紹介したいのが「メゼ」。メゼも中東や地中海周辺地域の食文化で、簡単にいうと「食前酒と一緒に食べる小皿料理」のことだ。テーブルの上に5〜10種類くらいの小皿料理が並ぶんだが、その中にペースト料理が結構あってな。それをピタにつけながら食べるのが、すごくうまい。ピタがなかったら、トルティーヤやナンでもいい。それもないという場合は、自分らの国でポピュラーだという食パン、あれの薄めのやつをトーストして、三角形になるように4等分にカットしてみ。1cm前後にスライスしたバゲットをカリカリに焼いたやつでもいい。

では、メゼの小皿料理の一部だが、紹介する。国によって名前や食材などに多少なりとも違いがあるけど、まあ、その辺りはご容赦あれ。メキシコのワカモレ、フランスのキャロット・ラペ、ドイツのザワークラウトなんかも一緒に並べたら、きっと楽しいインターナショナルなメゼになるはずさ！

# コッペパン ＆ バターロール

## 【甘くてふわふわ、懐かしい】

**発祥・語源**

コッペパン：1919年、陸軍納入用のパンとして誕生。
語源は仏語の「クーペ」（切られた）とも。
バターロール：バター入りのロールパン。
平たくのばした生地を巻いて（ロール）作ることから。

**材料**

コッペパン：小麦粉、水、砂糖、バター、
塩、（牛乳、脱脂粉乳／スキムミルクなどの乳製品）
バターロール：小麦粉、水、バター、砂糖、
卵、塩、（牛乳、脱脂粉乳／スキムミルク、練乳などの乳製品）

日本人にとっておなじみの両者。違いはリッチさです。砂糖やバターがより多く、卵が入る場合が多いのがバターロール（コッペパンに卵が入ることもある）。コッペパンは甘さを控え、食パン（p.50参照）に近い配合です。

1食分の量をもとに大きさが決められ、軍用として生まれたコッペパン。太平洋戦争中は配給用として、戦後は給食用として普及。米飯に比べ、輸送や配給が簡単で、お皿も汚れないとりまわしのよさが重宝されたのです。

一方、バターロールは、洋食やホテルの朝食用として、愛用されてきた歴史があります。つまり、コッペパンは日常のもの、バターロールはハレの日のための贅沢なパンと位置づけられるでしょう。

コッペパンとよく似たパンとしてドッグパンがあります。店によってはお惣菜用にドッグパン、おやつ用にコッペパンと作り分けるところもありますが、境目は曖昧。ドッグパンの方がより甘さを抑え、お惣菜と合わせやすくしています。

クラスト（皮）

クラム（中身）

気泡

**コッペパン**

薄い皮とふわふわした中身、気泡が多く、また細かいのが特徴。表面に卵を塗って、つやを出す場合と、そうでない場合がある。

製法の特徴

# 細長いのがコッペ、ずんぐりがバターロール

両者の作り方の大きな違いは成形の仕方。バターロールはめん棒で生地をのばしたあと、くるくると巻いて作ります。コッペパンは3つ折りしてカツオ節形に（「カツブシパン」と呼ばれたこともあります）。テーブルロールとしてちぎって食べるバターロールに対し、サンドイッチにされるコッペパンは口に入りやすい形になっているのです。

**コッペパンの成形**
手のひらでたたいてのばした生地を3つ折り。このあと2つ折りして。

**バターロールの成形**
めん棒でのばした生地をぐるぐると巻く。

## バターロール

特徴はほとんどコッペパンと同じ。ただ、バター・卵の含有量が多いので、黄味がかって、しっとりしている。表面に卵を塗って、つや出ししたものが多い。

クラスト（皮）

気泡

クラム（中身）

切り方

# 切り方に遊び心を加えてみよう

コッペパンもバターロールも切り方は同じ。水平に切って上下に開く「水平切り込み」（腹割り）、縦に切って左右に開く「縦切り込み」（背割り）。また両者を折衷した「斜め切り込み」も。
「しましま切り込み」「ダブル縦切り込み」は、それぞれ

の切り込みに異なる色の具材をはさむと楽しいでしょう。いちご、ブルーベリーなどのジャム、マーマレード、きゅうり、パプリカ、スプラウトなどの野菜。また、ソーセージとマッシュポテト（p.146参照）のようにマリアージュが成立する組み合わせにしても。

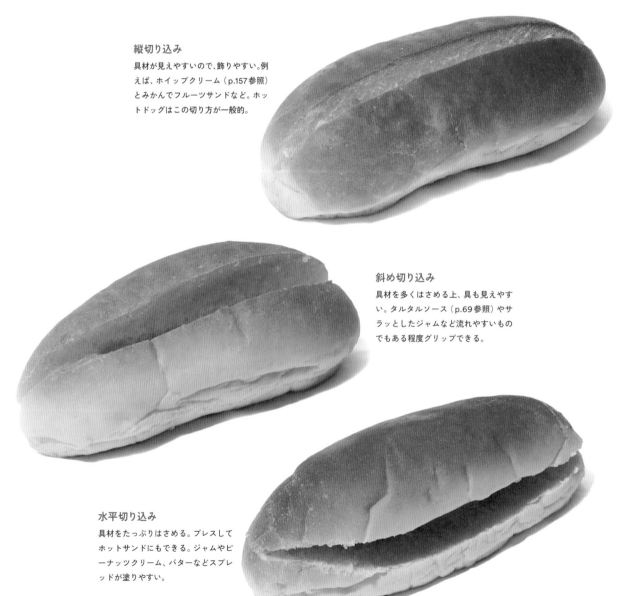

**縦切り込み**
具材が見えやすいので、飾りやすい。例えば、ホイップクリーム（p.157参照）とみかんでフルーツサンドなど。ホットドッグはこの切り方が一般的。

**斜め切り込み**
具材を多くはさめる上、具も見えやすい。タルタルソース（p.69参照）やサラッとしたジャムなど流れやすいものでもある程度グリップできる。

**水平切り込み**
具材をたっぷりはさめる。プレスしてホットサンドにもできる。ジャムやピーナッツクリーム、バターなどスプレッドが塗りやすい。

## しましま切り込み

4〜5本の切り込みを平行に加える。切り込みにクリームを絞って違うフルーツをはさんだり、ポテトサラダを詰めて違う野菜をのせたり……切り込みに色とりどりの具材が並ぶと、見た目もかわいい。

焼き方

# 焦がさず、温める

オーブントースターで温めるとやわらかく、香りもよくなります。ただ、コッペパンもバターロールも焦げやすく、かたくなりやすいため注意が必要。ここではアルミホイルを使った方法を紹介します。p.40のクロワッサンの焼き方でも可能です。

① パンをアルミホイルで包む

包むことで、直接熱が当たることから守る。

② 2分予熱をした
　オーブントースターで3分焼く

サンドイッチ用は、先に切り込みを入れてから焼くと、中まで火が入りやすくなる。

## ダブル縦切り込み

2本の切り込みを平行に加える。卵サラダ（p.132参照）とハンバーグ、あんことバターなど、2つの食材を別々にはさむと楽しい。

食べ方 **①**

# 昔懐かしい具材にひと手間かけて

合うお酒 日本酒（甘口）

### ようかん＆コーヒーバター

スライスしたようかんはあんこがわりに。小豆とコーヒーの組み合わせは、
どこかで味わったことのあるような懐かしい味わいです。

**材料（1個分）**

ようかん（厚さ5mm）… 5枚
甘くないコーヒーバター
 バター（あれば無塩／室温に戻す）
 … 10g
 水 … 数滴
 インスタントコーヒー … 0.2g
コッペパン … 1個

**作り方**

**①** 甘くないコーヒーバターを作る。小さいボウルに水とコーヒーを入れ、小さいへらでよく溶く。

**②** ①にバターを入れ、クリーム状になるまで混ぜる。

**③** パンに縦切り込みを入れ、内側の片面に②を塗り、もう片面にようかんをのせる。

＊バターはプレーンなバターやレモンバター（p.156参照）でも。

合うお酒 ビール、ワイン（ロゼ・赤／ライト）

### レモン風味のトマトソースナポリタン

レモンの皮で香りをつけたさわやかなトマトソース。
このソースを使えば、ナポリタンパンも、いつもとは違った味わいに。

**材料（2個分）**

ボンレスハム … 2枚
ピーマン … 1個（30〜40g）
玉ねぎ … 15g
スパゲッティ … 40g
レモン風味のトマトソース
（作りやすい分量）
 レモン（あれば国産）… 1個
 にんにく … 3片（15g）
 水 … 100ml
 オリーヴオイル … 大さじ3
 トマト缶
 （あればカットトマト）… 400g
 はちみつ … 大さじ1
 塩 … 小さじ1/2
オリーヴオイル … 小さじ1
塩、こしょう … 各少々
パセリ（生）… 2房
バター（室温に戻す）… 10g

コッペパン … 2個

**作り方**

**①** レモン風味のトマトソース（p.152参照）を作る。

**②** ハムは8mm幅の短冊切りにし、ピーマンは種をとってせん切りにし、玉ねぎはピーマンと同じ長さの薄切りにする。

**③** 塩（分量外）を加えた熱湯でスパゲッティをゆで、指定時間になったらお湯を切る。

**④** 中火でオリーヴオイルを熱した小さいフライパンに②を入れ、炒める。ピーマンがしんなりしてきたら、塩、こしょうをする。

**⑤** ④に③、①を大さじ4、①で残ったレモンの皮のせん切り10本を加え、ソースをからめながら水分がなくなるまで炒める。

**⑥** パンに縦切り込みを入れ、内側にバターを塗り、⑤をはさんでパセリを飾る。

● 使用したパン：大手メーカーのドッグパン（長さ19cm、幅6cm／コッペパン専門店のものよりも小さめ）

コッペパンには懐かしい洋食や和洋折衷のスイーツがよく似合います。どれもみんな大好きな定番ではあるけれど、
素材をプラスしたり、ひと工夫するだけでパワーアップ。コッペをバターロールにかえると2個できます。

## ハニーポークジンジャー＆キャベツ

おかずの定番、豚のしょうが焼きの甘味づけにはちみつを使うと洋風に。
たっぷりのせん切りキャベツとの相性は抜群です。

合うお酒｜ビール、ハイボール、白ワイン（辛口）

### 材料（1個分）

ハニーポークジンジャー
　しょうが焼き用豚肉（やや厚め）
　…1枚（40〜45g）
　しょうが … 1cm角
　片栗粉 … 少々
　しょうゆ … 小さじ1+1/2
　酒、みりん … 各小さじ1
　はちみつ … 小さじ1/4
　植物油 … 小さじ1
キャベツ … 30g
辛子マヨネーズ
　マヨネーズ … 小さじ1
　和辛子 … 小さじ1/6
バター（室温に戻す）… 2.5g
コッペパン … 1個

### 作り方

❶ キャベツは芯を除き、せん切りにする。

❷ ハニーポークジンジャーを作る。豚肉を半分
に切り、全体に片栗粉をまぶす。

❸ 小さいボウルにしょうゆ、酒、みりん、はち
みつ、皮を除いてすりおろしたしょうがを入れ、
よく混ぜる。

❹ 中火で油を熱したフライパンに②を入れ、両
面に軽く焼き色がつくまで焼く。

❺ ④に③を流し入れ、からめる。

❻ 辛子マヨネーズを作る。小さいボウルにマヨ
ネーズ、辛子を入れ、よく混ぜる。

❼ パンに縦切り込みを入れ、内側の片面にバタ
ーを、もう片面に⑥を塗る。

❽ ⑦のバター側に⑤を、マヨネーズ側に①を
はさむ。

## 魚のフライ＆タルタルソース

とびきりおいしいタルタルソースが魚のフライの味を引き立てます。
フライ、ソテー、何にかけてもおいしい万能のタルタルです。

合うお酒｜ビール、ハイボール、日本酒（辛口）

### 材料（2個分）

魚のフライ
　白身魚（タラ、サワラなど）… 2切
　塩、こしょう … 各少々
　薄力粉、溶き卵、パン粉 … 各適量
　揚げ油 … 適量
サラダ菜（p.141参照）… 4枚
タルタルソース（作りやすい分量）
　かたゆで卵（p.132参照）… 1個
　玉ねぎ … 15g
　スイートピクルス
　（市販のもの）… 30g
　マヨネーズ … 50g
　こしょう … 少々
パセリ（生・葉・みじん切り）… 適量
バター（室温に戻す）… 10g
コッペパン … 2個

### 作り方

❶ タルタルソースを作る。かたゆで卵（p.132参
照）を作り、冷めてからみじん切りにする。

❷ 玉ねぎ、ピクルスはみじん切りにする。

❸ 小さいボウルに①、②、残りの材料を入れ、
よく混ぜる。ラップをかけ、冷蔵庫に入れる。

❹ 魚のフライを作る。白身魚は小骨があれば除
き、パンに詰めやすい大きさに切る。塩を軽くふ
り、10分置く。

❺ ④の水分をキッチンペーパーでとり、こしょ
うをふる。薄力粉をまぶし、溶き卵、パン粉の順
につけ、そのまま5分置く。

❻ 180℃に熱した油に⑤を入れ、両面がきつ
ね色になるまで揚げる。

❼ パンに縦切り込みを入れ、内側にバターを塗
る。

❽ ⑦にサラダ菜、⑥の順にはさみ、③をかけて
パセリをちらす。

食べ方 ❷

# サイズ感を活かした具材を詰めて

### アイスみかんパン

イタリアのジェラートをはさんだブリオッシュサンドをロールパンで。
寒天入りのフルーツ缶を使って、果物と寒天をのせても。

**材料（1個分）**

みかん（缶詰）… 5～6個
アイスクリーム（ヴァニラ）
… 1/2カップ（55ml）
ロールパン … 1個

**作り方**

❶ みかんをキッチンペーパーの上に並べ、余分なシロップをとる。
❷ パンに斜め切り込みを入れる。
❸ アイスクリームはカップにバターナイフをさし込み、パンにはさみやすいかたまりに切る。
❹ ②に③、①をはさむ。

合うお酒 スパークリングワイン

### ダブルオリーヴポテトサラダパン

マヨネーズが定番のポテトサラダにオリーヴオイルを使い、
オリーヴの実を混ぜ込みました。みじん切りにした玉ねぎを加えても。

**材料（1個分）**

ボンレスハム … 1枚
オリーヴオイルのポテトサラダ
（ロールパン3～4個分）
　じゃがいも（大）… 1個（200g）
　オリーヴ（緑・種なし）… 7粒
　オリーヴオイル … 大さじ1+1/2
　塩 … 小さじ1/4
　こしょう … 少々
バター（室温に戻す）… 5g
ロールパン … 1個

**作り方**

❶ オリーヴオイルのポテトサラダを作る。じゃがいもは皮をむき、厚さ1.5cmの輪切りにし、水に最低5分さらす。
❷ 小鍋の高さ2/3まで水を入れ、ふたをして強火にかける。
❸ ②が沸騰したら、水を切った①を加え、中火で約20分ゆでる。
❹ オリーヴは5mm角に切る。
❺ ③が完全にやわらかくなったら、お湯を切る。じゃがいもを鍋に戻し、中火にかけて水分を飛ばす。
❻ ⑤をボウルに移し、すりこぎなどで粗めにつぶす。
❼ ⑥に④、残りの材料を加え、じゃがいもをつぶさないように和える。
❽ パンに斜め切り込みを入れ、内側にバターを塗る。
❾ ⑧に⑦、2つに折ったハムの順にはさむ。

合うお酒 ワイン（白・ロゼ・赤／ライト）

● 使用したパン：大手メーカーのものよりやや大きめのロールパン

1人分のサンドイッチが作りやすいロールパン。このサイズ感を利用して、ホットドッグにハンバーガー、
そしてイタリアンなサンドイッチ2種をご紹介。具材を倍にすれば、コッペパンにも応用できます。

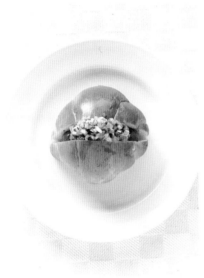

## ソーセージ&グリーンレリッシュ

市販のソーセージでホットドッグを作るならロールパンがサイズ的にピッタリ。
野菜を刻んで作るレリッシュで目新しいホットドッグに。

**材料（2個分）**

ソーセージ … 2本
グリーンレリッシュ
　赤玉ねぎ … 1/4個（50g）
　自家製ピクルス
　（きゅうり p.148参照／または
　市販のスイートピクルス）… 10g
　パセリ（生・葉・みじん切り）
　… 大さじ1
　塩 … 小さじ1/5
　タバスコ … 適量
植物油 … 小さじ1
バター（室温に戻す）… 6g
ロールパン … 2個

**作り方**

❶ グリーンレリッシュを作る。玉ねぎ、ピクルスはみじん切りにする。

❷ 小さいボウルに①、パセリ、塩、タバスコ（多め）を入れ、よく混ぜる。

❸ ソーセージは4カ所に切り込みを入れ、80℃くらいの熱湯で1分ゆでてから、中火で油を熱した小さいフライパンで焼く（ゆでる工程を省いてもよい）。

❹ パンに縦切り込みを入れ、内側にバターを塗る。

❺ ④に③をはさみ、②をかける。

合うお酒 | ビール、ハイボール

## 100%ビーフのロールパン

ハンバーガー用のバンズのかわりにロールパンを使って。
アメリカ式に旨味たっぷりの牛肉のみのビーフパティをはさみました。

**材料（2個分）**

ビーフパティ
　牛ひき肉 … 100g
　塩 … 小さじ1/5
　こしょう … 少々
　オリーヴオイル … 大さじ1
特製ハンバーグソース
　和辛子 … 小さじ1/8
　ケチャップ … 大さじ1/2
　中濃ソース … 大さじ1
トマト（厚さ5mm）… 2枚
玉ねぎ（厚さ2mm）… 2枚
レタス（p.141参照）… 2枚
バター（室温に戻す）… 10g
ロールパン … 2個

**作り方**

❶ 特製ハンバーグソースを作る。小さいボウルに辛子、ケチャップを入れ、よく混ぜる。

❷ ①にソースを入れ、よく混ぜる。

❸ ビーフパティを作る。ボウルにひき肉、塩、こしょうを入れ、手でよくこねる。

❹ ③を2等分し、厚さ7〜8mmの小判形にまとめる。

❺ 中火でオリーヴオイルを熱した小さいフライパンに④を入れ、ふたをする。中心に火が通るまで両面を焼く。

❻ パンに斜め切り込みを入れ、内側にバターを塗る。

❼ ⑥にトマト、玉ねぎ、②を塗った⑤、レタスの順にはさむ。

合うお酒 | ビール、赤ワイン（ミディアム）

妄想特派員だより ⑤

# あんぱん、クリームパン、カレーパン……
# 定番にちょい足し＆味変からの新定番

自分はパンが大好きで、パンラボ主宰の池田浩明さんのアシスタントをやらせてもらってます。自分、昔、ちょっとやんちゃしてたんで、本名を出すのは……ハンドルネームの「パン野郎」とでも呼んでください。
師匠は2020年12月から、ゴスペラーズの酒井雄二さんと、BS朝日で『パンが好きすぎる！』という番組に出演していました。みなさん、見てくださいましたか〜？ 見たことがない方のためにご説明しますと、毎回日本でポピュラーなパンをひとつ挙げ、酒井さんと師匠がそれぞれにおすすめを持ち寄り、味わい、そのパンへの思いを語り合います。そして、最後に、師匠がそのパンを使った絶品レシピを紹介するという充実の30分です。ちなみにナレーションはアンミカさん（関係ないか）。師匠のパン愛は近くでいつも見ているので知っていますが、酒井さんのパン愛も半端ないっすね。自分、酒井さんも師匠！と仰ぎたいくらいなんですけど、浮気はいかんですよね。池田師匠、ひと筋ってことで。

自分、番組が終わると、家で師匠のレシピを作ってみたりして、自分なりにアレンジとかもしてたんですよ。アレンジしたやつを、お会いする度に師匠に持っていったら、「パン野郎君、うまいよこれ。ぜひ、このレシピ披露してくれよ！」と思いがけない言葉をいただいてしまって。えっ、オレのでいいんすかって感じで。師匠は「僕のレシピも載せてくれていいし、アレンジしてくれてもいい、パン野郎君のオリジナルのレシピでもいいから、遠慮せずいろんなものを披露してくれよ！ 読者もその方が喜ぶと思うんだ」って。師匠、背も高いですが、心も広いっすね。男、パン野郎、がんばらせていただきます！って流れで、今、自分がここにいるわけなんです。
前置きが長くなってしまいましたが、じゃあ、みなさん、準備はいいですか？ 今回揃えた定番のパンは、あんぱん、メロンパン、クリームパン、ジャムパン、カレーパン、塩パンの6種類です。ジャムパンは番組ではとり上げられていませんが、自分が好きなんで入れちゃいました。

## あんぱん

### ブルーチーズ＆くるみ

**材料・作り方**

ブルーチーズ … 小さじ1〜2
くるみ（ホール・ロースト）… 2〜3個

① パンを半分に切る。
② ①の空洞に砕いたブルーチーズとくるみを入れる。
＊ブルーチーズを入れ過ぎないこと。

### コーヒーゼリー

**材料・作り方**

コーヒーゼリー（クリームつき）… 適量

① パンを半分に切る。
② ①の空洞にスプーンですくったコーヒーゼリーを詰め、付属のクリームをかける。

## メロンパン

### 生メロン＆アイスクリーム

**材料・作り方**

メロン … 1/8切
アイスクリーム（ヴァニラ）… 1/2カップ（55ml）

① メロンは皮を除き、厚さ5mmに切る。
② パンに斜め切り込みを入れ、アイスクリーム、①の順に詰める。

### いちご＆サワークリーム

**材料・作り方**

いちご … 4〜5粒
サワークリーム … 適量

① いちごはへたをとり、厚さ5mmに切る。
② パンの模様にそって斜めに切り分ける。
③ 一番端のパンの断面にサワークリームを塗り、①をずらしながらはりつけ、サワークリームを塗った次のパンではさむ。
④ もう一方の端のパンまで③をくり返す。

## クリームパン

### 焼きバナナ&オリーヴオイル

**材料・作り方**

バナナ … 1/2本
グラニュー糖 … 小さじ1
オリーヴオイル … 適量

❶ バナナは縦半分に切り、グラニュー糖をふりかける。
❷ アルミホイルを敷いたオーブントースターに①をのせ、軽く焼き色がつくまで焼く。
❸ パンを水平切りにし、②をのせ、オリーヴオイルをまわしかける。

### アーモンドキャラメルチュイール

**材料・作り方**

キャラメル … 1粒（4.5g）
アーモンド（ロースト・無塩・刻んだもの）… 適量

❶ クッキングシートの上にキャラメルを置き、電子レンジ（500W）で30～40秒加熱する。
❷ ①が膨らんでいる間にアーモンドをちらす。
❸ パンを半分に切り、半分に折った②をそれぞれの空洞にさし込む。

## カレーパン

### 卵&チーズ

**材料・作り方**

半熟ゆで卵（p.132参照）… 1個
シュレッドチーズ … 適量

❶ パンを半分に切り、空洞にチーズを詰め、切り口を上にしてオーブントースターで焼く。
❷ 半熟ゆで卵を半分に切り、①の空洞に入れる。

### トマト&コリアンダー

**材料・作り方**

自家製セミドライトマト（p.143参照）… 25g
玉ねぎ（みじん切り）… 15g
コリアンダー（生・葉）… 10枚

❶ 小さいボウルにトマト、玉ねぎ、手でちぎったコリアンダーを入れ、よく和える。
❷ パンを半分に切り、オーブントースターで焼く。
❸ ②の空洞に①を詰める。

## ジャムパン

### 冷たいバター

**材料・作り方**

バター（あれば無塩）… 適量

❶ バターはできるだけ薄く切り、冷凍庫に入れる。
❷ パンを水平切りにし、①をはさむ。

### くるみあん

**材料・作り方**

くるみあん（p.151参照）… 適量

❶ パンを水平切りにする。
❷ ①のジャムの上とまわりにくるみあんをのせる。

## 塩パン

### BLMサンドイッチ

**材料・作り方**

ベーコン（厚切り・ハーフ）… 2枚
舞茸 … 適量
葉野菜（好みで／p.141参照）… 1～2枚
オリーヴオイル … 小さじ1
こしょう … 少々
バター … 少々
マヨネーズ … 適量

❶ 中火でオリーヴオイルを熱したフライパンにベーコンを入れ、焼き色がつくまで焼く。
❷ ①に手でさいた舞茸を入れ、軽く炒め、こしょうをふる。
❸ パンに斜め切り込みを入れ、内側にバターを塗る。
❹ ③に葉野菜、②のベーコン、マヨネーズ、②の舞茸の順にはさむ。

### マグロのたたき&特製マヨドレ

**材料・作り方**

マグロのたたき … 60g
玉ねぎ（みじん切り）… 30g
スプラウト（あればマスタード）… 適量
特製マヨドレ
┌ マヨネーズ … 大さじ1/2
│ バルサミコ酢 … 小さじ1/2
└ しょうゆ … 小さじ1/2
バター … 少々

❶ 特製マヨドレの材料をよく混ぜる。
❷ 小さいボウルにマグロと玉ねぎを入れ、混ぜる。
❸ パンを水平切りにし、断面にバターを塗る。
❹ ③に②を広げて①をまわしかけ、スプラウトをちらす。

# フォカッチャ

## 【 イタリアンに合わせておいしい平焼きパン 】

**発祥・語源**

フォカッチャ「火で焼かれたもの」の意味。
起源は、紀元前に熱した石で
パンを焼いた頃までさかのぼる。

**材料**

小麦粉、水、オリーヴオイル、塩

イタリア語「fuoco」（フォーコ／火）を語源に持つフォカッチャ。その形は、窯が発明される前、平べったいパンしか焼けなかった時代の伝統を引き継いでいるようです。イタリア北西部のジェノヴァが発祥といわれていますが、イタリア各地にあって地方ごとに少しずつ異なります（スキャッチャータというよく似たパンもあってさらにややこしい）。地方の特徴をかたくなに守り続けているのが、イタリアらしさといえるでしょう。

背は低めで、サンドイッチでも、料理に添えても食べやすい形。生地にオリーヴオイルを入れ、さらに上にもまわしかけて焼くことが、サックリ感を高め、イタリアの食材とも相性をよくしています。ローズマリーやオリーヴなど具材がのったものは、おつまみに。食べ歩きにも向いているストリートフード的性格も持っています。

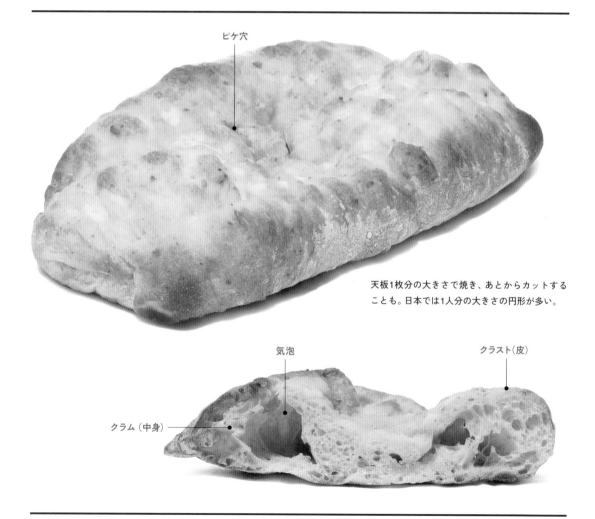

ピケ穴

天板1枚分の大きさで焼き、あとからカットすることも。日本では1人分の大きさの円形が多い。

気泡

クラスト（皮）

クラム（中身）

製法の特徴

# えぇっ! 生地に穴を
# あけちゃって大丈夫!?

フォカッチャの窯入れは豪快。天板1枚に広げた生地に、指（棒を使う場合も）をつき立て穴をあけます。この穴によって空気が抜け、膨らみにくくなり、平べったい形のまま焼けるのです。

さらにオリーヴオイルをタラーッとまわしかけます。これが穴に落ち、生地の中までオイルがしみ込むことで、噛んだとき、じゅるっとオイルがしみ出してくるたまらない感覚が生まれます。穴に入るように、岩塩やローズマリーをトッピングすることもあります。

**生地に穴をあける**
ピケと呼ばれる工程。穴から空気が抜けるので、平べったいまま焼き上がる。

**オリーヴオイルをかける**
オリーヴオイルを直接まわしかける。穴の中にオリーヴオイルが落ち、中までしみるのがおいしい。

**トッピングする**
塩をふりかけたり、穴にさし入れるようにローズマリーをトッピングする。

**具材をのせる**
野菜をトッピングするタイプは、トマトソースを塗ってからのせる場合が多い。

## もうひとつのイタリア代表「チャバタ」

チャバタとはイタリア語で「スリッパ」の意味。四角さと大きさが似ていることからこの名がつきました。歴史は意外にも浅く、フランスのバゲットに対抗するパンとして、1982年にアーナルド・カヴァラーリ氏が開発。作り方はリュスティック（p.20参照）に似て、切ったままの生地をそのまま焼きます。加水が多めでみずみずしく、口溶けがいいのが特徴。日本ではオリーヴオイルを入れて作るので、フォカッチャに共通した風味に。なので、p.78〜79の食べ方はチャバタにも適用できます。

切り方

# 料理に添えたり、サンドしたり

イタリアでは食事の最初から、フォカッチャなどの切ったパンがカゴに用意され、アペリティフのおつまみや食中のパンとして味わいます。水平に切って具材をはさんだフォカッチャサンドイッチもポピュラーです。

**水平切り**
サンドイッチのときはこの切り方で。チャバタも同様。

**薄切り**
食事に添える場合の切り方。厚さ1〜1.5cmにスライスする。カゴに盛って、それぞれがとって食べる。

**四角切り／三角切り**
食事に添える場合の切り方。ひと口かふた口で食べられるぐらいに切って、1人分ずつお皿で提供。四角いフォカッチャの場合は四角に、円形のフォカッチャの場合は三角になる。カゴにいっぺんに盛ってとり分けるのも可。

焼き方

# 具材と一緒にフライパンで

平たいパンなので、オーブントースターで簡単に中まで温められますが、フライパンで表面をカリカリに焼くのもおすすめ。一緒にトマトや玉ねぎ、パプリカなども焼いて、トッピングすれば、プチイタリアな気分です。

**① トッピングをとり外す**
塩やローズマリーなどトッピングは、フライパンにくっついてしまわないよう、あらかじめとり外し、お皿にのせておく。

**② フライパンで焼く**
フライパンにオリーヴオイル（バターでも）を熱し、中火で1分、底面を焼く。このとき、トッピングする野菜なども一緒に焼く（焦げないよう注意）。ひっくり返して、表面を30秒焼く。

**③ 仕上げ**
フライパンからお皿にとり出して、具材、①のトッピングをのせたら完成。

バリエーション

# 具材いろいろ、
# 料理に合わせて

フォカッチャの具材に決まりはありません。フォカッチャが原型といわれているピッツァのように、身のまわりにあるおいしいものを何でものせて食べてしまおうというのがフォカッチャ精神。中には、旬の食材をアドリブでのせて提供する楽しいお店もあります。

料理に合いそうなフォカッチャを用意すると、料理×パンの相乗効果で楽しさ∞（無限大）。パスタなど簡単料理でも、フォカッチャで1品増えて、テーブルが華やかになります。

### じゃがいも

クリーム系のパスタ・スープ・煮込み料理、鶏肉料理（煮込み・ロースト）、豚肉料理（煮込み・ロースト）、ソーセージなどと。

### 焼き野菜

肉っぽい料理と。ミートソース・ラグー系のパスタ、牛肉料理（煮込み・ロースト）、豚肉料理（煮込み・ロースト）、ソーセージに合わせて。

### ローズマリー

淡泊な肉やクリーム系と好相性。カルボナーラ、鶏肉料理（煮込み・ロースト）、豚肉料理（煮込み・ロースト）、ソーセージ、卵料理、じゃがいも料理に。

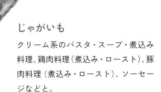

### オリーヴ

オリーヴは塩分が結構あるので、アーリオ・オーリオ系のパスタ、トマトソースのパスタ、魚介系のパスタ、魚料理、ラタトゥイユと。

### トマト

生のトマトは特に生ハムやモッツァレラチーズと。ドライトマトを含むトマトは、アーリオ・オーリオ系のパスタ、魚介系のパスタ、魚料理、卵料理に。

食べ方 **1**

# イタリアンテイストの食材と合わせる

合うお酒 赤ワイン、ビール、ハイボール

## 即席ポルケッタ＆野菜のロースト

イタリア版ローストポーク「ポルケッタ」を、とんかつ用にスライスされた豚の肩ロース肉で作り、サンドしました。

### 材料（2個分）

即席ポルケッタ（フォカッチャ4個分）
　とんかつ用豚肩ロース肉 … 3枚（300g）
　にんにく … 1片（5g）
　ローズマリー（生）… 1本（7cm）
　白ワイン … 大さじ1
　はちみつ … 小さじ1
　塩 … 3g（肉の1%）
　フェンネル（パウダー）… 小さじ1/2
　オリーヴオイル … 大さじ2+1/2
　こしょう … 適量
米なす（厚さ7～8mm）… 4枚
玉ねぎ（厚さ7～8mm）… 4枚
赤パプリカ、黄パプリカ（1cm幅）… 各1/4個
オリーヴオイル … 大さじ1
こしょう … 少々

バルサミコ酢 … 小さじ1/2
フォカッチャ … 2個

### 作り方

**❶** 即席ポルケッタを作る。豚肉をめん棒で厚さ5mm強にのばし、全体に白ワインをふりかけ、冷蔵庫に最低10分入れる。

**❷** にんにく、ローズマリー（葉のみ）は、できるだけ細かいみじん切りにする。

**❸** 小さいボウルにはちみつ、塩を入れ、よく混ぜる。

**❹** ❸に❷、フェンネル、オリーヴオイル大さじ1と1/2、こしょうを加え、よく混ぜる。

**❺** まな板にタコ糸2本を並べ、その上に①（1枚

ずつ）と④（1/3量ずつ）を交互に重ねる。手前からきつく巻いてタコ糸でしばり、冷蔵庫に最低30分入れる。

**❻** 中火で残りのオリーヴオイルを熱したフライパンに⑤を入れ、全体に焼き色がつくまで焼く。

**❼** バットに⑥、なす、玉ねぎ、パプリカ2種を並べ、野菜にオリーヴオイル、こしょうをかける。

**❽** ⑦を160℃に温めたオーブンで約50分焼く。途中、焼けた野菜から順にとり出し、バルサミコ酢をかける。

**❾** ⑧の肉が冷めたら、厚さ5mmに切る。

**❿** パンを水平切りにし、断面に⑧と⑨をのせ、合体させる。

● 使用したパン：9～10cm角のフォカッチャ

フォッカチャはイタリアの食材を受け入れ、おいしくしてくれるパン。サンドイッチでも、料理に添えても大活躍。
オーブン料理、サラダにスープと、イタリアを代表する料理から自由に発想しました。

## トマトとオリーヴの香草和え

フォッカチャのおいしさを引き立てる組み合わせです。
塩味の強いフォッカチャの場合は、塩を加えなくてもいいでしょう。

### 材料（1個分）

ミニトマト … 6個
赤玉ねぎ（厚さ5mm）… 3枚
オリーヴ（黒・種なし）… 5粒
ケイパー … 7粒
バジル（生・葉）… 3枚
ミント（生・葉）… 5枚
オリーヴオイル … 大さじ1
塩 … 少々
フォッカチャ … 1個

### 作り方

❶トマトとオリーヴは4等分にし、ケイパーは半分に切る。玉ねぎはみじん切りにし、バジルは粗いみじん切りにする。ミントは手でちぎる。

❷小さいボウルに①、オリーヴオイルを入れ、よく和える。

❸②とパンの味を見て、塩で調える。

❹パンを水平切りにし、下のパンに③をのせ、上のパンではさむ。

＊具材がこぼれやすいので、ワックスペーパーなどで巻いて食べるとよい。

合うお酒　スパークリングワイン、白ワイン

## スープ・オ・ピストゥ

ミネストローネにジェノヴェーゼをのせたような南仏生まれのスープです。
直火で焼いたトマトや大豆を使い、アレンジを加えました。

### 材料（3〜4人分）

パンチェッタ … 80g
玉ねぎ … 1/2個（125g）
じゃがいも（中）… 1個（125g）
にんじん（小）… 1本（100g）
ズッキーニ … 1本（200g）
いんげん … 50g
トマト（小）… 2個（200g）
大豆（水煮）… 120g
オリーヴオイル … 大さじ2
水 … 500ml
塩 … 少々
ジェノヴェーゼ（作りやすい分量）
　バジル（生・葉）… 30g
　にんにく … 1/2片（2.5g）
　カシューナッツ
　（ロースト・無塩）… 50g
　塩 … 小さじ1/4
　オリーヴオイル … 100ml

### 作り方

❶ジェノヴェーゼ（p.152参照）を作る。

❷パンチェッタは拍子木切りにする。

❸玉ねぎ、じゃがいも、にんじん、ズッキーニは、必要であれば皮を除き、1cm角に切る。

❹いんげんは長さ1cmの斜めに切る。

❺トマトは直火で焼いて薄皮をむき（p.142参照）、乱切りにする。

❻中火でオリーヴオイルを熱した鍋に②、③の玉ねぎを入れ、パンチェッタに焼き色がつくまで炒める。

❼⑥に③のにんじん、ズッキーニを加え、軽く炒める。

❽⑦に⑤、水を加え、ふたをして強火にする。沸騰したら、弱火にして10分煮込む。

❾⑧に大豆、③のじゃがいもを加え、ふたをしてさらに10分煮込む。途中、5分経ったら④を加える。味を見て、塩で調える。

❿器に盛り、①をのせる。

合うお酒　ワイン（白・ロゼ・赤／ライト）

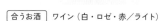

妄想特派員だより ⑥

# チャバタもフォカッチャもなしで 本場っぽいパニーノを作る方法を伝授!

ボンジョルノ! イタリア特派員のパンクッタ・キノーモキョーモです! さあ、本場のパニーノの作り方を紹介するよ! じゃあ、チャバタを用意して! ……え? 家の近所にそんなの売ってない? 君の国ではどんなパンを売ってるんだい? 食パン、バゲット、クロワッサンだって? オー、マンマ・ミーア (なんてこった)! フランスやイギリスのパンばっかりじゃないか! なんでイタリアのパンを売らないんだ (怒) ……そうだ、ミーにいい考えがある! 今の3つのパンで本物のパニーノを作ってやろうじゃないか!

まず、バゲットをチャバタに変身させるよ! バゲットを水平切りして。まな板の上で、体重をかけてグイグイ押してくれるかな? え、食べものを粗末にしたらバチが当たる? そうじゃなくて、こうするとチャバタみたいに、かたい皮もサクサクいけて、おいしくなるよ!

そしたら、パニーノメーカーを用意して! え、ない? じゃあ、グリルパンを用意して! しましまの焼き目がつくからね。え、それもない? 普通のフライパンで大丈夫!

裏表に焼き目がつくまで焼いてね。

それで準備OK。中身の方にオリーヴオイルをたっぷりかけたら、チーズ+肉+野菜をはさんでみて。チーズは僕の国のモッツァレラがおすすめ。近所のスーパーで手に入りやすいし、トローリ溶けるよ。肉ならサラミとか生ハムとかモルタデッラ (p.135参照) とか。野菜はルッコラやバジルやトマト。その他の具材については、君の国の『パンのトリセツ』というすばらしい本があるから、p.78～79のフォカッチャの食べ方を参考にしてね。食パンでも同じ。8枚切りの食パン2枚をグイグイ押して、グリルパン (フライパン) で焼いてね。押すと密度も出るので、ちょっとフォカッチャに近づくよ。

クロワッサンの焼き方・切り方はp.40参照だよ。え? 「クロワッサンなんか使ったらフランスのサンドイッチになっちゃうよー」だって? ノーノー! クロワッサンって呼んじゃダメ! イタリアでは「コルネット」っていうよ。チーズやオムレツや生ハムをはさむと最高のパニーノができるよ!

## 手に入りやすいパンで パニーノを作ろう!

クロワッサン、食パン、バゲットで、3種類のパニーノを作ってみた。イタリアではパニーノって食べる直前に、焼いたり、プレスしたりすることが多いんだ。温かい方が、パンがパリパリで、歯切れもよくなるし、おいしいからね。だてに僕たちローマ時代からパン食ってないよ! よかったら、試してみて! それじゃ、チャオチャオ!

下準備のポイント　→

水平切りにしたバゲットを押しつぶしたところ。まな板の上に置いて、手でグイグイ押しつぶすか、めん棒でゴロゴロやっても。

グリルパンで焼いているところ。フライパンの場合はバターかオリーヴオイルを入れ、熱くなってから、パンを焼いて。

（左）イタリア版クロワッサン「コルネット」は
クリーム入りなど甘いのが一般的。（右）様々な
種類のフォカッチャが並ぶミラノのパン屋。

### ほうれん草とパプリカのコルネット風パニーノ

❶ クロワッサンに斜め切り込み（p.40参照）を入れ、オー
ブントースターで温める（p.40参照）。
❷ 内側にオリーヴオイルをまわしかけ、ペコリーノチーズ
（羊乳のチーズ）のスライスをのせる。
❸ ほうれん草のガーリックソテー（p.148参照）をはさみ、
パルミジャーノ・レッジャーノをかける。
❹ パプリカのマリネ（p.144参照）をはさむ。

### モルタデッラとバジルのフォカッチャ風パニーノ

❶ 2枚の食パン（8枚切り）を押しつぶし、グリルパン（フ
ライパン）で焼き目をつける。
❷ 両方の断面にオリーヴオイルをまわしかけ、モッツァレ
ラチーズをのせる。
❸ モルタデッラ（p.135参照）、バジルの葉、半分に切った
ミニトマトをはさむ。

### 生ハムとルッコラのチャバタ風パニーノ

❶ 水平切りしたバゲットを押しつぶし、グリルパン（フラ
イパン）で焼き目をつける。
❷ 両方の断面にオリーヴオイルをまわしかけ、モッツァレ
ラチーズをのせる。
❸ 生ハム、ルッコラの順にはさむ。

# イングリッシュマフィン

## 【 ハム、目玉焼き、トマト、丸い具材はおまかせ 】

**発祥・語源**

19世紀のイギリスで、
貴族の使用人が余り生地から作ったことにはじまる。

**材料**

小麦粉（強力粉）、水、（牛乳、バター）、砂糖、
コーングリッツ（粗挽きのとうもろこし粉）または
デュラム・セモリナ粉（硬質小麦の粉）、塩、パン酵母

19世紀のイギリスでティータイムに食べられていたマフィン。アメリカに伝わってからはベーキングパウダーで作るクイックブレッドとして発達（私たちがお菓子として食べているあのマフィンです）。酵母で発酵させるタイプは「イングリッシュマフィン」と呼ばれて区別され、アメリカでは朝食として広く普及。中でもポーチドエッグをのせたエッグベネディクト（p.86参照）はニューヨークの定番ブランチです。

日本でイングリッシュマフィンといえばPasco（パスコ）。1969年の発売以来、イングリッシュマフィンを広く知らしめた功績は大きいものがあります。

一般的に、このパンの焼き色は白っぽいです。食べる直前に焼き込んだ方がおいしいので、その余地を残しているのです。しかも、型に入れて焼くことで、モッチリ感もあります。トースト時に、この水分を飛ばしてすべてをカリカリ感で覆うのか、モッチリさを残して味わうのか、食べ手の好みに任されています。

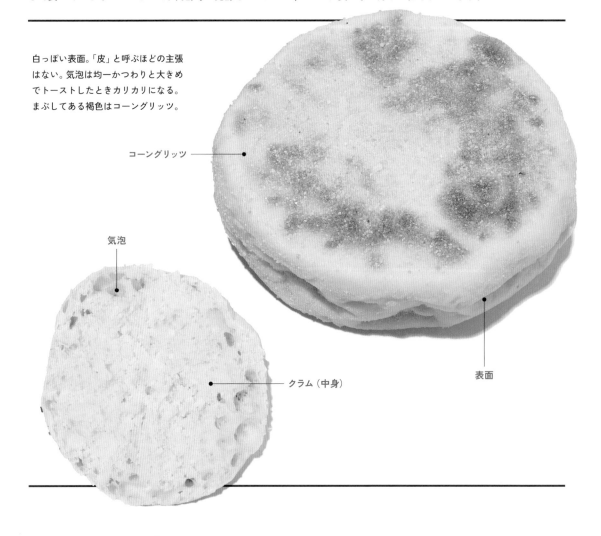

白っぽい表面。「皮」と呼ぶほどの主張はない。気泡は均一かつわりと大きめでトーストしたときカリカリになる。まぶしてある褐色はコーングリッツ。

コーングリッツ

気泡

クラム（中身）

表面

製法の特徴

## 型で焼くから丸い形に
## 型を使わない作り方も

イングリッシュマフィンといえば丸い
形。「セルクル（p.89参照）」と呼ばれ
る輪っかのような型の中に生地を置く
ことで円柱形ができ上がります。厚さ
は様々です。一番食べる機会の多い
Pascoのイングリッシュマフィンは薄
め。ベーカリーで売られているものに
はぶ厚いものもあり、モッチリして食
べ応えがあります。両面にふられてい
るのはコーングリッツ。このおかげで、
トーストしたときに香ばしいのです。
生地の特徴は水分が多いこと。これが
独特のモッチリ感と口溶けの理由です。

**丸めて成形**
1個分に分割した生地を丸める。写真はコ
ーンの粒入りタイプ。

**コーングリッツをまぶす**
丸めた生地にコーングリッツをまぶす。
けっこうたっぷりめ。

**天板をかぶせる**
最終発酵後の生地。天板をかぶせることで
上面も平たくする。

**焼き上がり**
焼き終えた生地。セルクルを使わないタイプ
なので形は不揃い。

切り方

## ざっくり切り開くことで
## 独特の食感に

上下に半分に割ります。そのとき、包
丁を使わず、フォークをさし込むよう
に使います。こうすると、断面にたく
さんの凹凸を作ることができ、焼いた
ときにカリカリ感が増すのです。

**① フォークで切りとり線を作る**
側面にフォークをさし込み、抜いてはさし抜
いてはさしをくり返しながらぐるりと一周し、
水平に連続した穴をミシン目のように作る。

**② 手で端からちぎりさく**
両手でゆっくり切り開いていくと失敗が少な
い。

焼き方
# 白、茶、こげ茶色を
# 混在させる

具材をはさむのではなく、バタートーストにするための焼き方。カリカリ感を強調させます。ミディアム～ウェルダン（p.57参照）まで、しっかりと焼き込むのがおすすめ。

① **2分予熱したオーブントースターで
1分30秒焼く**

注意を怠らず、好みの焼き色を見極める。

② **とり出し、バターをたっぷり塗る**

ラフに塗ると、焦げるところと焦げないところのグラデーションができる。

③ **再びトースターに入れて
約30秒置く**

トースターが温かいので、バターが溶ける。

④ **焼き上がり**

白いところと焦げ茶色のところがまだらに混在するとおいしい。

食べ方 ❶
# 丸や四角の食材を
# のせてみる

サンドイッチの定番具材はイングリッシュマフィンのサイズ（直径約9cm）にぴったりなものが多いと思いませんか？ 緑がほしいときは、葉野菜（p.141参照）、スプラウト（p.142参照）、ほうれん草のバターソテー（p.148参照）などをプラスしましょう。

### 目玉焼き
p.132のフレーバーオイルで目玉焼きを作ってもよい。パプリカや玉ねぎの一番大きな輪っかの部分（直径9cm以下）を使って目玉焼きを作っても。

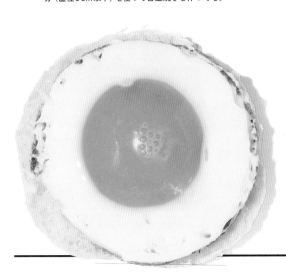

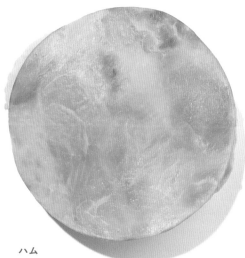

### ハム
中でもロースハムはほぼジャストサイズ。少量の植物油で別焼きにするか、バターもしくはフレーバーバター（p.156参照）を塗ってからハムをのせ、オーブントースターで一緒に焼いても。

**チーズ**
一般的なスライスチーズのサイズは8.5cm角。1枚のせてオーブントースターで溶けるまで焼き、好みのスパイス（ミックスペッパー、クミン、ナツメグなど）をふりかけても。

**ベーコン**
普通に焼いたベーコンもおいしいが、メープルシロップやはちみつをかけた甘じょっぱいベーコン（p.135参照）もおすすめ。

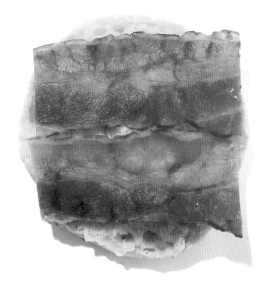

**トマト**
大きめのトマトだとほぼジャストサイズ。トマトはフライパンなどで焼いておいた方が甘味が出て、イングリッシュマフィンに合う。

**玉ねぎ**
カリカリに焼いたイングリッシュマフィンにバターを塗り、玉ねぎのステーキ（p.144参照）をのせる。ドライハーブをかけたり、目玉焼きやチーズをのせても。

食べ方 ❷

# 本場の定番＆今風のアレンジを楽しむ

合うお酒 スパークリングワイン、ワイン（白・ロゼ）

### エッグベネディクト

イングリッシュマフィンを使った代表的なひと皿です。
温泉卵は電子レンジで作る方法で。ベーコンをスモークサーモンにかえても。

**材料（1個分）**

ベーコン … 1枚
温泉卵（p.132参照）… 1個
葉野菜（好みで／p.141参照）… 1枚
オランデーズソース
　卵黄 … 小さじ1
　溶かしバター … 20g
　レモン汁 … 小さじ1/2弱
こしょう … 少々
バター（室温に戻す）… 5g
イングリッシュマフィン … 1個

＊オランデーズソースはバターが入っ
ているので、冬場は特にかたまりやす
いため、作ったらすぐにかけること。

**作り方**

❶ 温泉卵（p.132参照）を作る。
❷ ベーコンは半分に切り、電子レンジでカリカ
リにする（p.135参照）。
❸ オランデーズソースを作る。小さいボウルに
卵黄、レモン汁を入れ、小さい泡立て器でよく混
ぜる（大きい泡立て器でもよい）。
❹ ③のボウルの底を湯煎にかけ、とろみがつく
まで混ぜ続ける。
❺ ④を湯煎から外し、溶かしバターを少しずつ
加えながら、そのつどよく混ぜる。
❻ パンを水平切りにし、断面を上にして、オー
ブントースターで縁がカリッとなるまで焼く。
❼ ⑥の両方の断面にバターを塗り、下のパンに
②、①の順にのせ、⑤とこしょうをかけ、上の
パンではさむ。葉野菜を添える。

合うお酒 黒ビール、ハイボール

### イングリッシュマフィンメルツ

イングリッシュマフィンを使ったイギリスの伝統的な食べ方です。
チーズトーストにウスターソースをかけるというイギリス人らしいレシピ。

**材料（2枚分）**

ベーコン … 1枚
英国風卵サラダ
　かたゆで卵（p.132参照）… 2個
　マヨネーズ … 30g
　ディジョンマスタード … 小さじ1/4
　ウスターソース（あればイギリス製）
　… 小さじ1/8
　ガーリック（パウダー／あれば）
　… ひとつまみ
　こしょう … 少々
レッドチェダーチーズ
（なければシュレッドチーズ）… 20g
クレソン（p.141参照）… 適量
バター（室温に戻す）… 5g
イングリッシュマフィン … 1個

**作り方**

❶ 英国風卵サラダを作る。かたゆで卵（p.132参
照）を作り、冷めてから粗めのみじん切りにする。
❷ 小さいボウルに残りの材料を入れ、よく混ぜ
る。
❸ ②に①を加え、よく和える。
❹ ベーコンは1cm角に切り、電子レンジでカ
リカリにする（p.135参照）。
❺ パンを水平切りにし、両方の断面にバターを
塗る。
❻ ⑤の上に2等分にした③をのせ、均一な厚さ
になるように広げる。
❼ ⑥の上に2等分にしたチーズをのせ、オーブ
ントースターでチーズが溶けて焼き色がつくま
で焼く。
❽ ⑦の上に④をちらし、クレソンを添える。

世界中に存在するイングリッシュマフィンを使った定番メニューをご紹介します。エッグベネディクトはニューヨーク、メルツはイギリス。キャロットフムスは西海岸をイメージ。イングリッシュマフィンのピザトーストも海外の流行です。

合うお酒 ビール、白ワイン

## にんじんのフムス＆パンチェッタ

パンのディップとして知られるようになったひよこ豆のペースト「フムス」。
にんじんのフムスは彩りもよく、おしゃれなひと皿を演出できます。

### 材料（1個分）

パンチェッタ … 1枚（10g）
にんじん入りフムス（作りやすい分量）
　にんじん … 70g
　ひよこ豆（水煮）… 120g
　にんにく … 1/2片（2.5g）
　レモン汁 … 大さじ1＋小さじ1/2
　オリーヴオイル … 大さじ1＋1/2
　練りごま（白）… 大さじ2
　塩 … 小さじ1/4
スプラウト（マスタードや
クレスなど好みで／p.142参照）… 適量
レモン汁 … 適量
クミン（パウダー）… 少々
バター（室温に戻す）… 5g
イングリッシュマフィン … 1個

### 作り方

❶ にんじん入りフムス（p.149参照）を作る。
❷ パンチェッタは半分に切り、電子レンジでカリカリにする（p.135参照）。
❸ パンを水平切りにし、断面を上にして、オーブントースターで縁がカリッとなるまで焼く。
❹ ❸の両方の断面にバターを塗り、下のパンに❶を均一な厚さになるように広げ、クミンをふる。
❺ ❹の上に❷、スプラウトの順にのせ、レモン汁をまわしかけ、上のパンではさむ。

合うお酒 ビール、白ワイン

## イングリッシュマフィンピザ2種

イングリッシュマフィンの丸い形は、ミニピザの台としても大活躍。
トマトソースを使わない2種のピザをご紹介します。

### 材料（2枚分）

ピザA
　モッツァレラチーズ … 1/4個（25g）
　自家製セミドライトマト
　（p.143参照）… 6個
　ジェノヴェーゼ（p.152参照）
　… 大さじ1＋小さじ1
　オリーヴオイル … 少々
ピザB
　クリームチーズ … 20g
　シュレッドチーズ … 10g
　マッシュルーム … 1個半
　赤玉ねぎ（厚さ3mm）… 3枚
　バジル（生・葉）… 1枚
　オリーヴオイル … 少々
　こしょう … 少々
イングリッシュマフィン … 1個

### 作り方

❶ パンを水平切りにする。
❷（ピザA）❶の1枚の断面にジェノヴェーゼを塗り、薄切りにしたモッツァレラを並べる。
❸（ピザB）❶のもう1枚の断面にクリームチーズを塗り、厚さ5mmに切ったマッシュルーム、玉ねぎをのせ、チーズをちらす。
❹ ❷、❸をオーブントースターに入れ、チーズが溶けて焼き色がつくまで焼く。
❺ ピザAの上にセミドライトマトをのせ、オリーヴオイルをまわしかける。
❻ ピザBの上にオリーヴオイルをまわしかけ、こしょうをふり、バジルを飾る。

＊ピザBのバジルは、食べる直前に手でちぎってピザの上にちらして。

妄想特派員だより **7**

# トースト厳守！　カリカリ＆モチモチが病みつきに
# 酵母で作るパンケーキ、クランペット

ハロー、エヴリィバディ！イギリス特派員を任されたジェイムズ・サンドウィッチじゃ。名前から、もうおわかりじゃろうが、小生はサンドウィッチを考案したといわれているサンドウィッチ伯爵の末裔である。サンドイッチではないぞ、サ・ン・ド・ウ・ィ・ッ・チじゃ。

日本で、我が国の食パンが「イギリスパン」という名で、普通に食べられていると聞き、大変光栄に思っておる。イングリッシュマフィンもスーパーマーケットで売られているそうで。しかも、クランペットやクランペットミックスまで売られていると聞き、貴殿の国の食文化の豊かさに、小生、驚きを隠せんぞ（汗）。貴殿の国のパンの教本『パンのトリセツ』の中で、食パン、イングリッシュマフィンは詳しく紹介されているそうじゃから、小生からはクランペットを紹介しよう。まあ、小生の大好物でもあるからして。

クランペットはグリドル（鉄板）を使って焼くパンという点で、イングリッシュマフィンの仲間じゃな。クランペットの誕生に関しては諸説あるが、もともとはクレープのように薄く焼いたものがはじまりだったようじゃ。クレープはお隣フランスのブルターニュ地方が発祥じゃが、イギリス本土とブルターニュは地理的にも近く、フランス語でイギリス本土のことを「グランド・ブルターニュ」という。初期のクランペットにはそば粉を使っていたという話もあるから、クレープやガレットとクランペットのルーツは共通しとるのかもしれん。それから酵母が入ったティーソーサー大の薄いパンケーキになり、生地にさらに重曹を入れることを思いついたりして、20世紀初頭にはリングを使って厚めに焼かれるようになった。そして、今に至るというのが、わしの見解じゃ。

クランペットにあってイングリッシュマフィンにないのは、片面を覆いつくす小さな穴とモチモチ感だろう。この穴はパン酵母（イースト）とベーキングパウダー（または重曹）を併用することでできるらしい。パンケーキのようなゆるい生地をリングに流し込んで焼くと、これ

またパンケーキを焼いたときのような気泡がプツプツと現れ、そのまま穴となって残るんじゃ。この穴は、溶けたバターやシロップをしっかりキャッチしてくれる魔法の穴。クランペットのモチモチ感と相まって、たいそううまい。ああ、小生、もうよだれが出そう。

まずは、ミックスを使ったクランペット作りからレッツ・トライじゃ！

ロンドンでは少なくなりつつあるごく普通のパン屋さん。上段には食パンやローフなどの食事用のパンが並ぶ。

イギリスのクランペット。イギリス人は大手メーカー製の6個入りパックをスーパーマーケットで買うことが多い。

## ミックスで
## クランペット作りに挑戦！

「粉おじさんの粉がうまい！」
クランペットミックス粉を使用

① 40℃に温めた牛乳300mlとミックス粉を
合わせ、空気を含ませるように泡立て器で
混ぜる。

② 表面に小さな気泡ができるまで、電子レン
ジで加熱したり、ねかせたりする。

③ 熱した鉄板やフライパンの上にバターを塗
り、生地を落とす。セルクルがあればなおよ
い。

④ 表面に無数の穴があき、生地が乾いた感じ
になったら、セルクルを外す。

⑤ セルクルを外したらすぐにひっくり返し、
穴があいた面にも焼き色をつける。

クランペットが焼けたところで……、冷めないうちにいただくとする。我々の
国ではバターとゴールデンシロップが定番じゃ。ゴールデンシロップとは、精
糖工程で出る副産物で、白砂糖の成分はとり除かれているが、甘味はまだしっ
かり残っている。見た目ははちみつ、味はべっこう飴に似ておるかな。

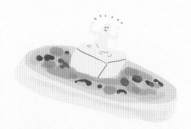

具材はのせる順に羅列。バターをのせないものは、薄くバターを塗ってから具材をのせる

### 定番
バター+ゴールデンシロップ

### スイーツ系代表
バター+グラニュー糖+レモン汁

### お惣菜系代表
温泉卵（p.132参照）+カリカリベーコン（p.135
参照）+スプラウト（p.142参照）

その他、おすすめの組み合わせ

アーモンドバター（p.151参照）+ジャム
バター+メープルシロップ+刻んだくるみ
マロンクリーム+薄く削ったコンテチーズ
バター+りんごとメープルシロップのプリザーヴ（p.150参照）
明太子サワークリーム（p.139参照）+スモークサーモン

# ライ麦パン

## 【 しっとり、長持ち、栄養満点 】

【発祥・語源】

ライ麦はもともと小麦の中に混入していた雑草。
ライ麦を主目的として栽培がはじまったのは、
ローマ帝国時代の2世紀。

【材料】

ライ麦、水、(小麦粉)、ライサワー、塩

ドイツ、オーストリア、スイス、北欧、東欧、ロシアな
ど寒い地域で食べられています。ライ麦は寒さに強く、小
麦が育ちにくい地域で栽培されるからです。
ライ麦の特徴は、生地をつなげ、膨らませるのに役立つ
グルテンが作られにくいこと。これを解決するのがライ

サワー（サワー種）です。ライ麦パンが「酸っぱい」と
感じるのは酸性だから。ライサワーの中にいる乳酸菌や
酢酸菌が作り出す酸が、酵素の働きを邪魔して、生地が
ドロドロにならないようにしてくれるのです。
ライ麦パンの内部は意外としっとり。ライ麦に水分を保つ
特徴があるからです。このため、水分が飛びにくく、長持
ちするのもライ麦パンの長所。冷暗所保存でカビを防げ
ば、1週間ぐらい食べられます（夏場は冷蔵庫で保存する）。
白い小麦粉と比べて、ライ麦は食物繊維が多く含まれる
ので、血糖値が上昇しにくいのもいいところ。ミネラル
分が多く含まれ、ビタミンB群や鉄分も豊富。鉄分が多
く含まれるレバーや青魚と相性がいいのはそのせいかも
しれません。

クラスト（皮）

気泡がほとんどなく、もろくつながって
いるだけの状態。中身は意外としっとり。
皮は少しカリカリしているものの極薄。

気泡　クラム（中身）

製法の特徴

# ライサワーが作り出す、丸みのある酸味

ライ麦パンの場合、パン酵母（イースト）を入れるのは
稀で、ライサワーを入れて作られます。サワー種は穀物
から起こす発酵種のこと。特にライ麦から起こすサワー
種のことを「ライサワー」と呼びます。起こし方は、小
麦から起こすルヴァン種（p.27参照）とほぼ同じです。
ライサワーは酵母や乳酸菌、酢酸菌が住む微生物の住処。

酢酸菌が多いととがりのある酸味に、乳酸菌が多いとま
ろやかな酸味になります。特に発酵がうまくいくと、フ
ルーティな香りになるように思われます。
また、ライサワーのみならず、水に浸した押し麦や、残
ったライ麦パン、湯種（p.123参照）、ヨーグルトも種
として使われます。

**ライ麦パン作りに使われる種**
右上がライサワー。アロマシュト
ゥック（中央）、レストブロート（左
上）は、それぞれ押し麦、残ったラ
イ麦パンを水に浸して、数時間〜
1日置いたもの。

**原料のライ麦粉**
小麦粉が白いのに比べて、グレー
みがかっている。ライ麦粉は多く
の場合、外皮まで挽き込んで、全粒
粉として作られる。

**ドイツならではの押し丸め**
生地を作業台に軽く押しつけては
90度回転させることをくり返し
て丸める。空気を抜くとともに、作
業台に接している面をなめらかに
する。

**カゴ（型）に入れる**
丸めた生地を、カゴ（型）の中に、
綴じ目を上、なめらかな面が下に
なるように入れる。焼くときはカ
ゴをひっくり返して生地をとり出
すので、カゴの目が生地につく。

バリエーション **①**

# ライ麦パンの特徴は配合率で考える

「●厚さ」はおいしく食べられる厚さの目安。

軽め

ライ麦 **30**%

**ヴァイツェンミッシュブロート**

噛み応えや穀物的なコクをしっかり感じられる。フランス系のパン屋では、パン・オ・セーグル（またはセーグル）として、ドライフルーツ・ナッツを混ぜて売られている。

● 厚さ：1〜1.2cm

中間

ライ麦 **50**%

**ミッシュブロート**

小麦の特徴とライ麦の特徴、両方を併せ持ったタイプ。気泡も形成され、多少のふんわり感がありつつ、ライ麦の風味もしっかりと味わえる。

● 厚さ：1cmより薄く

重め

ライ麦 **80**%

**ロッゲンミッシュブロート**

ライ麦の風味濃厚。ラントブロート（田舎パン）などもこのタイプ。味の濃い肉料理にもパンが負けず、サワーの酸味で中和してくれる。押すように切ると切りやすい。

● 厚さ：1cmより薄く

ドイツでもフランスでも、ライ麦パンの呼び名は、配合するライ麦のパーセンテージによって決められています（下記参照）。ライ麦の量が多くなるにつれ、味わいは濃厚に、食感は重くなります。形はオーバル形のもの、丸いもの、型に入れて焼いた四角いものがあります。
食べにくいイメージがありますが、薄く切ると意外なほど食べやすくなります。ライ麦の配合率が多いものほど薄く切るようにしましょう。また、ライ麦配合率が70%を超えるものは、通常のように前後に包丁を動かすより、上から押さえつけるようにした方が、薄く、正確に切れます。包丁は波刃のブレッドナイフが向いています。
ライ麦パンはしっとり感を味わうもの。焼かないのが基本ですが、3〜4日過ぎて劣化が目立つようなら、温めると、風味が戻ります。

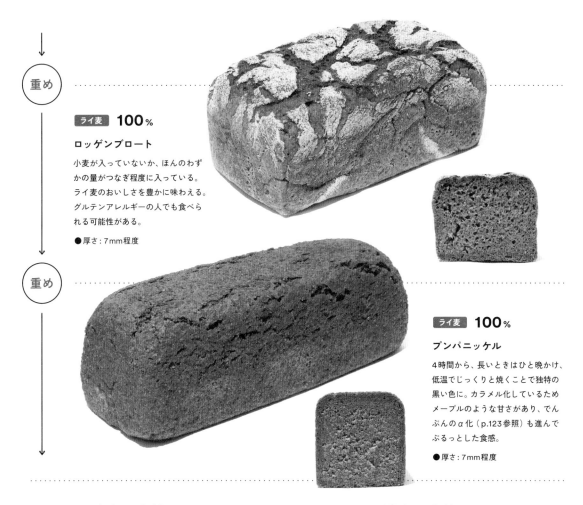

**重め**

ライ麦 **100**%

**ロッゲンブロート**

小麦が入っていないか、ほんのわずかの量がつなぎ程度に入っている。ライ麦のおいしさを豊かに味わえる。グルテンアレルギーの人でも食べられる可能性がある。

●厚さ：7mm程度

**重め**

ライ麦 **100**%

**プンパニッケル**

4時間から、長いときはひと晩かけ、低温でじっくりと焼くことで独特の黒い色に。カラメル化しているためメープルのような甘さがあり、でんぷんのα化（p.123参照）も進んでぶるっとした食感。

●厚さ：7mm程度

ドイツでのライ麦パンの呼び方

| ライ麦90%以上 | ロッゲンブロート |
| ライ麦51〜89% | ロッゲンミッシュブロート |
| ライ麦50% | ミッシュブロート |
| ライ麦49〜11% | ヴァイツェンミッシュブロート |
| ライ麦10%以下 | ヴァイツェンブロート |

フランスでのライ麦パンの呼び方

| ライ麦65%以上 | パン・ド・セーグル（「ライ麦パン」の意） |
| ライ麦50% | パン・ド・メテイユ |
| ライ麦10〜64% | パン・オ・セーグル（「ライ麦風味のパン」の意） |

バリエーション **2**
# ライ麦には種がよく合う

ライ麦が食べられてきたのは北の寒い地方。作物のとれない長い冬の間は、穀物や野菜の種など保存性の高い食材をライ麦と一緒に食べてきました。しかも、これらは、同じく穀物的な風味や香ばしさをもつライ麦パンとよく合うのです。もちろん、レバーペースト（p.138参照）や酢漬けの魚料理、ソーセージ（p.134参照）やザワークラウト（p.145参照）などドイツ料理ともよく合います。

### 押し麦
押し麦は簡単にいうと大麦をつぶしたもの。穀物的な風味と食感が特徴のパンになる。オールマイティだが、ぜひ卵料理と合わせてみて。

### ひまわりの種
ひまわりの種はナッツの一種で、パンに松の実のようなコクが加わる。酸味のきいた料理、サラダプレートなどと合わせても。

### キャラウェイ
スッとした清涼感が特徴的なスパイス。クリームチーズやバターを塗ってまず味わってみよう。肉にも魚にもよく合う。

### けしの実
あんぱんの上にものっているけしの実はプチプチ感と香ばしさが特徴。肉系のものに合わせて。

### ブルーポピーシード
青色のけしの実。ドイツを含む東側の国では、パンやお菓子によく使われている種。スモークサーモンや魚の酢漬けなど、魚系のものに合う。

食べ方 **❶**

# 必ずバターや
# クリームチーズを塗ろう

ドイツ人は、ライ麦パンは薄く切り、必ずバターやクリームチーズ、サワークリームなどを塗って食べるそう（ライ麦パンをそのままムシャムシャ食べるなら、ドイツ人だって重くて食べにくいと思うはずです！）。ジャムやペーストを塗る場合やサーモンやサーディンなどをのせる場合でも、上記のミルキー要素は塗ったほうがベター。いろいろな具材とライ麦パンをつないでくれます。

## 軽めに合うトッピング （ライ麦30%）

**軽めの基本**
厚さ1.2〜1.5cmにスライスし、クリームチーズを塗る。

みじん切りにしたたくあんをサワークリームで和え、のせる。サワークリームに酒粕を混ぜても。

黒砂糖をふりかける。または黒みつをかけても。

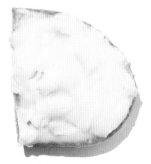

つぶしたカマンベールをのせる。さらにオープントースターで焼いたり、ケイパーをのせても。

## 重めに合うトッピング （ライ麦80%）

**重めの基本**
厚さ7〜8mmにスライスし、バターを塗る。無塩バターを塗って塩をふるのもおすすめ。

しめサバ、みじん切りの玉ねぎ、ディル（生・葉／あれば）をサワークリームで和え、のせる。

味噌（合わせ・米・麦など）を薄く塗る。

さらにクリームチーズ、いちごジャムをのせ、砕いたナッツ（あればヘーゼルナッツ）をふりかける。

食べ方 ❷

# ライ麦パンを味わう北欧とドイツのレシピ

合うお酒 スパークリングワイン、ワイン（白・ロゼ）

ライ麦80%

## エビと卵のスモーブロー

スモーブローの中でも定番中の定番の具材「エビと卵」。
具材を彩りよくのせ、フォークとナイフでいただくのがデンマークスタイル。

**材料（2枚分）**

小エビ（殻なし）… 6尾（40g）
かたゆで卵（p.132参照）… 2個
ディル（生）… 2～3枝 + 少々
ハーブマヨネーズ
　サワークリーム … 大さじ1 + 小さじ1
　チャービル（生）… 2枝
　チャイブ（または青ねぎ）… 4本
　（青ねぎの場合は1～2本）
　マヨネーズ … 大さじ2 + 小さじ2
　こしょう（白・パウダー）… 少々
バター（室温に戻す）… 10g
ライ麦パン（ライ麦80%）… 2枚

**作り方**

❶ かたゆで卵（p.132参照）を作る。
❷ エビは背わたをとり、2～3等分に切る。ディル2～3枝を入れた熱湯でサッとゆで、ザルに上げてキッチンペーパーで水気をとる。
❸ ハーブマヨネーズを作る。チャービル（葉のみ）、チャイヴをみじん切りする。
❹ 小さいボウルにマヨネーズ、サワークリームを入れ、よく混ぜる。
❺ ❹に❸、こしょうを加え、軽く混ぜる。
❻ 冷めた❶を厚さ5mmに切り、卵黄がついている部分のみ（8枚）を使う。
❼ パンにバターを塗り、❻、❷をのせて❺をかけ、ディルを飾る。

合うお酒 黒ビール、ハイボール

ライ麦80%

## サバ缶とビーツクリームチーズのスモーブロー

クリームチーズにビーツを混ぜると鮮やかなピンク色に。
サバ缶は水煮をつぶしてのせるだけ。セロリのピクルスを意匠のようにのせました。

**材料（2枚分）**

サバ缶（水煮）… 60g
ビーツクリームチーズ
　クリームチーズ … 40g
　サワークリーム … 10g
　ビーツ（缶詰または水煮）… 30g
自家製ピクルス
（セロリ／p.148参照）… 4本（10g）
こしょう … 少々
バター（室温に戻す）… 10g
ライ麦パン（ライ麦80%）… 2枚

**作り方**

❶ ビーツクリームチーズを作る。フードプロセッサーにすべての材料を入れ、ペースト状になるまで攪拌する。
❷ サバはほぐし、ピクルスは細いスティック状に切る。
❸ パンにバター、❶の順に塗る。
❹ ❸の上に❷のサバを広げ、ピクルスを飾り、こしょうをふる。

● 使用したパン：ライ麦80%（幅8cm×高さ10cmのパウンド形／厚さ1cmより薄く）／ライ麦30%（長径14cmの楕円形／厚さ1cm）

デンマーク生まれのオープンサンドイッチ「スモーブロー」のレシピを中心に、ライ麦パンに合う身近な食材を使って。
ライ麦30%、80%に合わせていますが交換可能です。30%のレシピを80%に合わせるときは味つけをやや濃いめに。

合うお酒　スパークリングワイン、ワイン（白・ロゼ）

ライ麦80%

## かぶのレムラードサラダとスモークサーモンのスモーブロー

フランスの定番お惣菜「レムラードサラダ」をかぶで作りました。
スモークサーモンと組み合わせれば、さわやかにライ麦パンを引き立てます。

### 材料（2枚分）

スモークサーモン … 15g
かぶ（中）… 1個（125g）
レムラードソース
　生クリーム … 大さじ1/2
　ディル（生）… 1枝
　レモン汁 … 小さじ1
　マヨネーズ … 大さじ1
　塩 … 小さじ1/5弱
　こしょう … 少々
レモンバター
　バター（室温に戻す）… 10g
　レモンの皮（すりおろし）… 少々
レモン汁 … 少々
ディル（生・葉）… 少々
こしょう … 少々
ライ麦パン（ライ麦80%）… 2枚

### 作り方

❶ かぶは皮をむき、せん切りスライサーでおろす。

❷ レムラードソースを作る。ディル（葉のみ）はみじん切りにする。

❸ 小さいボウルにマヨネーズ、生クリーム、レモン汁、塩を入れ、よく混ぜる。

❹ ③に②、こしょうを加え、軽く混ぜる。

❺ ④に①を加え、よく和える。

❻ レモンバターを作る。小さいボウルにバターとレモンの皮を入れ、よく混ぜる。

❼ パンに⑥を塗り、⑤を広げ、スモークサーモンを手でちぎってのせる。

❽ ⑦の上にレモン汁をまわしかけ、ディルを手でちぎってのせ、こしょうをふる。

＊軽めのライ麦パンに合わせるなら、スモークサーモンを生ハムに、ディルをパセリにかえて。

ライ麦30%

## ジャーマンポテト

ジャーマンポテトは、ドイツでは「ブラートカルトッフェルン」といい、
つけ合わせや軽食にもなるポピュラーな家庭料理です。

合うお酒　ビール、黒ビール、ハイボール

### 材料（2人分）

ベーコン（あればブロック）… 100g
玉ねぎ … 1/2個（125g）
じゃがいも（大）… 1個（200g）
スパイスオイル
　キャラウェイ（シード）… 小さじ1/4
　マスタード（シード／あれば）
　　… 小さじ1/4
　こしょう（黒・ホール）… 5粒
　オリーヴオイル … 大さじ1+1/2
塩 … 小さじ1/4
こしょう … 少々
パセリ（ドライ）… 少々

### 作り方

❶ ベーコンは1cm角に切る。玉ねぎは粗いみじん切りにする。

❷ じゃがいもは皮をむいてさいの目に切り、中火で沸騰させたお湯で約10分ゆで、ザルに上げる。

❸ スパイスオイルを作る。キャラウェイ、マスタード、こしょうは軽くつぶして香りを出す。

❹ フライパンにオリーヴオイル、③を入れて弱火にかけ、油にスパイスの香りを移す。

❺ ④に①のベーコンを加え、中火で焼き色がつくまで炒める。

❻ ⑤に①の玉ねぎを加え、軽く焼き色がつくまで炒める。

❼ ⑥に②と塩を加え、じゃがいもを軽くつぶしながら炒める。

❽ お皿に盛り、こしょう、パセリをふる。

食べ方 ❸

# ライ麦パンを味わうドイツとロシアのレシピ

ライ麦80%

## 本格ボルシチ

ライ麦パンを食すロシアや旧東欧の代表的な料理といえば「ボルシチ」。
本来はサーロという塩漬けの脂身を使うそうですが、パンチェッタで代用しました。

合うお酒　黒ビール、赤ワイン

### 材料（4人分）

豚肉スペアリブ … 300g
パンチェッタ … 80g
玉ねぎ … 1/2個（125g）
にんじん … 1本（150g）
ビーツ（缶詰または水煮）… 200g
じゃがいも（大）… 1個（200g）
キャベツ … 150g
にんにく … 2片（10g）
レモン汁 … 大さじ1/2
ディル（生・葉・みじん切り）… 小さじ1
水 … 1L
ローリエ … 1枚
植物油 … 大さじ1
トマト缶（あればカットトマト）… 100g
塩 … 小さじ1
砂糖、こしょう … 各少々
サワークリーム … 適量

### 作り方

❶ 鍋に水、豚肉、ローリエを入れ、ふたをして強火にかける。

❷ ①が沸騰したらあくをとり、再びふたをし、弱火で1時間煮込む。

❸ 玉ねぎは粗いみじん切りにする。にんじんは皮をむき、ビーツと一緒に、せん切りスライサーでおろす。じゃがいもは皮をむいてさいの目に切り、キャベツはせん切りにする。にんにくは乱切りにし、パンチェッタは拍子木切りにする。

❹ ②をスープと豚肉に分け、スープは計量して1Lになるように水を足す。豚肉はひと口大に切り、どちらも鍋に戻す。

❺ ④にふたをして強火にかけ、沸騰したら③のじゃがいも、キャベツを加え、弱火で煮込む。

❻ フライパンに油と③のパンチェッタを入れて中火にかけ、焼き色がつくまで炒める。

❼ ⑥からパンチェッタをとり出し、キッチンペーパーの上に広げる。

❽ ⑥のフライパンを再び中火にかけ、③の玉ねぎを入れ、透き通るまで炒める。

❾ ⑧に③のにんじん、ビーツを加え、軽く炒める。

❿ ⑤に⑨、トマト、レモン汁を順に加え、そのつど軽く混ぜる。

⓫ ⑦と③のにんにくをフードプロセッサーにかけ、ペースト状にする。

⓬ ⑩に⑪、塩、砂糖、こしょうを加え、よく混ぜる。味をみて、塩（分量外）で調える。

⓭ ⑫にディルを加え、じゃがいもが煮くずれる直前で火を止める。

⓮ 器に盛り、サワークリームをのせる。

●使用したパン：ライ麦80%（幅8cm×高さ10cmのパウンド形／厚さ1cmより薄く）／ライ麦30%（長径14cmの楕円形／厚さ1cm）

ドイツ、そしてロシア。ライ麦文化圏の定番料理を、作りやすく、パンに合うようにアレンジしました。
寒い土地だけにスープはつきもの。また、脂のある料理もライ麦にはとても合います。

合うお酒 スパークリングワイン、ワイン（白・ロゼ）

ライ麦30%

## ボロニアソーセージのサラダ

ドイツのお惣菜の定番ボロニアソーセージのサラダ。
加える具材は地方によって異なり、チーズを加えるのは「スイス風」だとか。

### 材料（2人分）

ボロニアソーセージ … 100g
スモークチーズ … 50g
コルニッション（または甘味のない
ピクルス）… 3本（25g）
赤玉ねぎ … 1/4個（50g）
ラディッシュ … 3個（50g）
ドレッシング
　イタリアンパセリ（生）… 1枝
　白ワインヴィネガー … 小さじ2
　水 … 大さじ1
　塩 … 小さじ1/5
　砂糖 … 小さじ1
　植物油 … 大さじ2
　こしょう … 少々
イタリアンパセリ（生・葉）… 1枚

### 作り方

❶ 玉ねぎは厚さ3mmの薄切りにし、氷水にさらす。ラディッシュも厚さ3mmの薄切りにする。

❷ ソーセージ、チーズ、コルニッションは5mm幅のせん切りにする。

❸ ドレッシングを作る。パセリ（葉のみ）をみじん切りする。

❹ ボウルにヴィネガー、水、塩、砂糖を入れ、小さい泡立て器でかき混ぜながら、塩と砂糖をよく溶かす。

❺ ❹に油を加え、よく混ぜる。こしょう、❸を加え、軽く混ぜる。

❻ ❺にザルに上げてキッチンペーパーで水気をとった❶の玉ねぎ、ラディッシュ、❷を加え、よく和える。

❼ 器に盛り、パセリを添える。

合うお酒 ビール、白ワイン

ライ麦30%

## 自家製ザワークラウトとソーセージのスープ

時間がたって旨味と酸味が増したシュークルートをスープに。
生のキャベツでは出せないふくよかな味わいはライ麦パンにもぴったりです。

### 材料（4人分）

ベーコン … 50g
フランクフルトソーセージ … 4本
バター … 10g
にんじん … 1本（150g）
かぶ（中）… 1個（125g）
じゃがいも（大）… 1個（200g）
セロリ（茎）… 1本（60〜70g）
自家製ザワークラウト
（作りやすい分量）
　キャベツ … 1/2個（500g）
　塩 … 10g（キャベツの2%）
植物油 … 大さじ1
水 … 750ml
塩 … 小さじ1/4
こしょう（黒・ホール）… 15粒

### 作り方

❶ 自家製ザワークラウト（p.145参照）を作る。

❷ ベーコンは1cm幅に切り、ソーセージはフォークで穴を数カ所あける。

❸ にんじん、かぶ、じゃがいもは皮をむき、ひと口大に切る。セロリはすじをとり、厚さ5mmの斜めの薄切りにする。

❹ 中火で油を熱した鍋に❷のベーコン、❸のセロリを入れ、炒める。

❺ ❹に❸のにんじん、かぶを加え、炒める。

❻ ❺に水を加え、ふたをして強火にかける。沸騰したらあくをとり、❸のじゃがいもを加える。再びふたをし、弱火で10分煮込む。

❼ ❻に❶を200g、❷のソーセージ、塩、つぶして香りを出したこしょうを加え、中火で10分煮込む。

❽ 火を止め、バターを加えて軽く混ぜる。

妄想特派員だより ⑧

# プレッツェル、ちゃうちゃうブレッツェル！
# めっちゃうまい食べ方教えたる

まいど！ベンヤミン堺でおます。ドイツ人と日本人のハーフで、わてのオカン関西人やねん。せやさかい、わて日本語しゃべれんねんけど、ちょっとだけ関西弁入ってるかもしれへん。そこんとこかんにんな！

自分ら日本人、プレッツェル（プレッツェルちゃうで、それは英語やで）のこと、ビールと一緒に食べるおつまみとしか考えてへんのとちゃう？プレッツェル、ほっそい輪っかやけどな、意外といろんな食べ方できんねん。自分らにやってもらいたい思て、日本の材料で、できるやり方考えてみてん。

プレッツェルってな、ラウゲン液いうて、香ばしくなる液体に浸してから焼いてるねん。早い話、ロッテのトッポの外側の風味や。それから上に岩塩の粒ちらしてあんねん。せやから、合わせる食材の味、なんかおもろう変わりよるわ。

やっぱり、焼き立てあつあつのプレッツェルにバターはさんで食べるの、シンプルでうまいわ。オーブントースターでパリパリに温めてからバターはさんだら、バターがとろけるよって、ほんまたまらんちゅうねん。

ドイツのパン屋の厨房にて。プレッツェルにラウゲン液（アルカリ性の水溶液）をかけているところ。

チーズかけてもええな。普通にチーズトースト作るのんと一緒やから、自分らもできるんちゃう？ドイツ人はナッツ好きやろ。せやから、チーズといっしょにナッツちらしたりするのもドイツっぽくてええな。自分らの家にあるナッツってなんやろな……せや、黒ごまなんかどや？香ばしい同士で相性ええで。

ドイツ人は、プレッツェルにチーズクリームみたいなんディップして食べんねん。ドイツ人がよう食べるフレッシュチーズで「クワルク」ちゅうの知らん？クリームチーズみたいやけどちょっとちゃうねん。そうやな、カッテージチーズに生クリーム混ぜてかきまわしよったらなめらかになってきよるから、それで代用できるんちゃう

か（p.101参照）。157ページにあるサワークリームオニオンのサワークリームをこのクワルクで作ってみて。これつけてプレッツェル食べたら、塩気がきいててめっちゃうまいで。

プレッツェル、甘くしても食べれるんや。これはどっちかいうと、アメリカ人の食べ方やけどな。シナモンシュガーなんかかけたらどない？158ページにあるスパイスシュガーもうまいで。カルダモン入ってるさかい、北欧のシナモンロールっぽい味になるんちゃうかな？それから、アーモンドクランチ。要はアーモンドを細かく切って、シロップ塗ったプレッツェルにかけたもんやけどな、これも香ばしい同士やから相性ええわ。

最後に、「あんクワ」なんかどない？あんクワ知らんの？あんことクワルクやないかい。え？ドイツ人も誰も知らんって？そらそやわ、わてが考えてんから。ドイツ人、あんこ嫌がりよるわ。豆を甘くして食べる習慣ないねん、ヨーロッパには。でも、自分らはごっつ好きやろ？あんことクリームチーズをやる人おんねんけど、ちょっとしつこい気せえへん？クワルクやったら、さっぱりしてるから、あんこをじゃませえへんわ。さっきのクワルクでやってみて。

そうそう、忘れてたけど、仕上げに岩塩削ってかけたら、ごっつうまるで。特にあんクワ。バターサンドのときは、無塩バターにして、岩塩かけたらええわ。サワークリームオニオンも塩を入れずに作って、岩塩かけるのめっちゃうまいで。

え？合わせる飲みもの何かって？そんなもんビールに決まってるやないかい！え、さっき、ビールのつまみちゃうっていうたやないかいって？せやな。そういうたら、わて酒飲みやさかい、パンはみなビールのつまみやわ（笑）。

## トッピングのバリエーションいろいろ

**バターサンド**

ブレッツェルの一番太いところに斜め切り込み
を入れ、厚さ5mmにスライスした無塩バター
に岩塩をかけ、はさむ。

**あんクワ（あんこ＋クワルク）**

ブレッツェルに自家製クワルク（下記参照）、あ
んこの順に塗り、岩塩をかける。写真は桜あんを
使用。普通のあんこでも。

**チーズ＋黒ごま**

ブレッツェルにシュレッドチーズと黒ごまをか
け、チーズが溶けるまでオーブントースターで
焼く。

**アーモンドクランチ**

ブレッツェルにシロップ（下記参照）を塗り、刻
んだローストアーモンドをかける。

**サワークリームオニオン**

p.157のサワークリームオニオンのレシピの、サ
ワークリームを自家製クワルク（下記参照）にか
え、塩を入れない。これを温めたブレッツェルに
塗り、岩塩をかける。

**● 自家製クワルクの作り方**

カッテージチーズ75g、生クリーム25gをなめ
らかになるまで1分ぐらいかき混ぜる。

**シナモンシュガー**

ブレッツェルにシロップ（下記参照）を塗り、グ
ラニュー糖、シナモン（パウダー）の順にかける。

**● シロップの作り方**

砂糖と水同量（例えば砂糖50g、水50ml）を鍋
に入れて中火にかけ、ゴムべらでかき混ぜなが
ら、ガムシロップのような軽いとろみがつくま
で数分煮詰める。

妄想特派員だより **9**

# パリパリと音を立てて食べるのが通
# ヴァイキングも食べていたクリスピーブレッド、クネッケ

ヘイ！ 北欧代表スウェーデン特派員のアンナ・トリセットソンです！ 私たちの住むスカンジナヴィア半島が、北に位置しているのはご存じですよね？ 日本の札幌は北緯43度に対し、私の国スウェーデンの首都ストックホルムの緯度はずっと北の59度なんです。だから、小麦が育ちにくく、寒さに強いライ麦を使ったパンが食べられてきました。ライ麦って成分は小麦と似ていてタンパク質も同じくらい含まれているんだけど、ライ麦のタンパク質はグルテンを作らないの。だから目の詰まったパンになるというわけ（p.90参照）。ライ麦を使ったパンって、いろんな国で食べられているけど、クラッカーのような薄い「クネッケ」はとっても北欧らしいパンだと思うわ。中世、ヨーロッパの人々に恐れられた私たちの祖先、ヴァイキングも保存食として船に積んでいたそうよ。クネッケは、デンマーク、ノルウェー、フィンランド、アイスランドにもあって、呼び方は国ごとに違うの。「クネッケ」と書いたのは、私たちの国では「Knäckebrödクネッケブロート」と呼んでいるから。えっ、日本でも「クネッケ」っていうの？ すごい！ IKEA（スウェーデン発のインテリアショップ）のおかげかしら。「クネッケ」は、「パリッ」と音を立てることを意味する言葉が語源。しかも、パリパリと軽快に音を立てて食べるのが通なの。伝統的なクネッケは直径約30cmとレコードのLP盤くらいあり、真ん中に棒が通せる穴があいています。そして、表面には小さなデコボコが無数に入っているの。真ん中の穴に棒を通し、何十枚も重ね、ねずみに食べられないように天井近くにぶら下げて保存していたらしいわ。こうやって半年は保存できたという話。すごいでしょう。昔はライ麦粉、塩、水のみで、パン酵母（イースト）は使わなかったそう。生地に砕いた氷を混ぜ込んですぐに焼けば、氷が蒸発して気泡ができたんだって。今は、パン酵母を入れて気泡を発生させる方法が一般的だし、ライ麦だけじゃなく小麦粉も混ぜて作る場合が多いわよね。私たちの国では、種が混ざったものやスパイスがきいた

もの、丸や長方形など、味や形、様々なタイプのクネッケが売られています。主原料のライ麦はミネラル分も食物繊維も豊富だし、薄くて低カロリーってことで、世界中の健康志向の人たちにも人気みたい。日本はどうかしら？ ふむふむ、IKEAは近くにないし（IKEA JAPANは食品の通販は行っていません）、手に入りにくいって？ じゃあ、私と一緒に作っちゃおうか。今日はひまわりの種と黒ごまを使ったけど、その他のナッツや種、スパイスなどで好きにアレンジしてね！

スウェーデンのホテルにて。朝食にいただいた典型的な形のクネッケ。大きさはケーキ皿くらい。

スカンジナヴィアの伝統的な食文化を紹介した書籍より。クネッケもこのように天井にぶら下げて保存していた。

## イーストを使わない簡単クネッケ

**材料**（底辺9cm、斜辺10cmの二等辺三角形 約14枚分）

ライ麦粉（粗挽き）… 75g
薄力粉 … 75g
ひまわりの種（ロースト・無塩）… 大さじ3
黒ごま … 大さじ2

塩 … 小さじ3/4
オリーヴオイル … 大さじ1+ 小さじ2
冷水 … 大さじ3
＊ひまわりの種はかぼちゃの種、オートミール、

刻んだナッツ同量にかえても。
＊黒ごまはフェンネル、クミン、キャラウェイ
（いずれもシード）、シナモン、カルダモン（共に
パウダー）小さじ1にかえても。

① ボウルにライ麦粉から塩までを加え、手でよく混ぜる。

② ①にオリーヴオイルを加え、手でそぼろ状になるまで混ぜる。

③ ①に水を加えて混ぜ、ひとつにまとめる。

⑥ 粗熱がとれたら切り目から割り、クーラーの上で冷ます。
　＊乾燥剤を入れた密閉容器で、冷暗所に置き、2週間は保存可能。

④ 2枚のクッキングシートで③をはさみ、できるだけ薄い長方形になるようにめん棒でのばす。上のクッキングシートを外す。

⑤ 三角形の切り目を入れ、下のクッキングシートをつけたまま天板にのせ、220℃に温めたオーブンで15〜20分焼く。

クネッケを作ったらまずやってほしい食べ方があるの。バターをクネッケが見えなくなるくらい塗って、セミハードタイプのチーズをスライサーで薄く削ってのせるってやつ。この食べ方をせずしてクネッケは語れないわ（笑）。あとはご自由に！あなたの国の『パンのトリセツ』に載っている「ライ麦パン」や「カンパーニュ」の食べ方もクネッケに応用できるわよ。私のお気に入りの食べ方もメモしておくわね。

### サバ缶のディルマヨネーズ和え＋
### かたゆで卵＋きゅうり

❶ クネッケにバターを塗り、サバ缶のディルマヨネーズ和え（p.140参照）を広げ、レモンを搾る。
❷ ①の上にスライスしたかたゆで卵（p.132参照）、きゅうりをのせ、塩、ディル（ドライ）をふる。

### ハム＋チーズ＋ハニーマスタード

❶ クネッケにバターを塗り、適当な大きさに切ったボンレスハム、削ったチーズ適量をのせる。
❷ ①の上にハニーマスタード（p.153参照）をかけ、パセリを飾る。

# ベーグル

## 【 輪っかの間に、何はさむ？ 】

発祥・語源

一説に、中世のポーランドでユダヤ人が食べていた
オブヴァジャーネック（ゆでパン）が起源とも。

材料

小麦粉（強力粉）、水、砂糖、塩、
パン酵母、（モルト、はちみつ）

ベーグルの由来は謎に包まれ、諸説分かれますが、中世の東ヨーロッパでユダヤ人のパンとして誕生したよう。迫害を逃れるためアメリカへ渡ったユダヤ人がニューヨーク（以下「NY」と表記）に伝えたのです。彼らが船で到着し、そのまま住み着いたロウワーイーストサイドには、今でも老舗ベーグル店が存在。当時、安価であったサーモンをクリームチーズやトマトと一緒にはさんで食べるのが一般的になりました。

NYベーグルの場合、ゆでることで発酵が止まっているので中身が詰まり、食感はギュッとしていますが、意外に歯切れがよく、口の中で小麦のかたまりがクリーミーに溶けていきます。ゆえに、溶け方の似たクリームチーズがよく合うのです。日本では、国産小麦を使用したモチモチのベーグルが独自発達。チョコやドライフルーツを練り込み、食事パンやサンドイッチではなく、ベーグル単体で食べることが多いようです。ベーグルの副材料は砂糖のみ。食品に規制の多いユダヤの食べものらしく、ヴィーガン（完全菜食主義）にも適応しています。

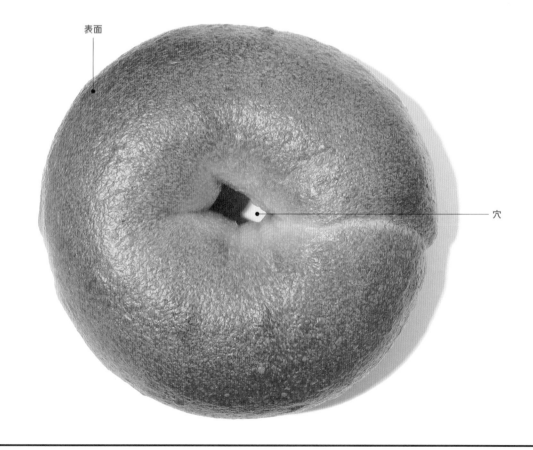

表面

穴

製法の特徴

# ゆでることがモチモチパリパリを生む

正統なNYベーグルは、ハンドロール（機械ではなく手作り）／ゆでる（オーブンのスチームではなく鍋でゆでる）／モルトの使用（ゆでるときにお湯の中に入れる）が基本。成形を行う「ローラー」、成形が終わった生地をゆでる「ケトルマン」、オーブンで焼く「ベーカー」がチ

ームとなって作ります（もちろん1人で作るなど役割分担は様々）。ベーグルの最大の特徴はゆでること。その効果は、でんぷんをα化（p.123参照）させる湯種に似ています。中身をモチッとさせ、皮をパリパリにし、表面に光沢を与えるのです。

**ベーグルの形**
現在、ベーグルの成形の仕方には2タイプある。多くはスタンダードなリング形（右）、もうひとつは、具材をはさみやすいようにと改良された渦巻き形（左）。

**リング形の成形法**
棒状に成形し、棒の一方をつぶして平たくする。平たくした生地でもう一方の棒状の生地を覆うようにしてリングを作り、合わせ目を細かくつまんでつなぎ合わせる。

**渦巻き形の成形法**
棒状に成形した生地をくるくるとかたつむりのように巻き、巻き終わりを本体につなぎ合わせる。生地の結合作業がリング形より簡単。

**ベーグルをゆでる**
ゆでる工程（ケトリング）が、独特の食感を生む。沸騰させたお湯に糖分（モルトシロップや砂糖など）を加えることで、つやも出る。ゆで時間は片面30秒ずつ。

気泡

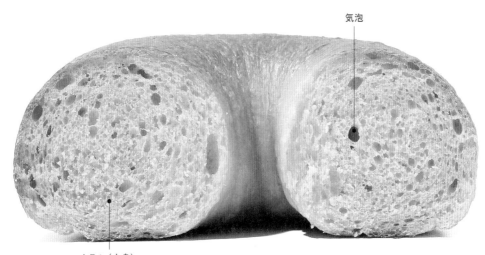

クラム（中身）

写真はリング形。ゆでたことにより、表面に光沢ができ、ツルッとしている。表面は引きがあるが、中身は詰まっているがゆえに逆に歯切れがいい。

切り方

# 水平に切れば
# 食べやすい形に

ベーグルの切り方はほぼ一択。地面と水平に２分割するのが一般的。このようにしてからクリームチーズを塗ってサンドしたり、サンドせずに一方だけ食べたり。さらに半分に縦切りすれば、２人で分け合えたり、２回に分けて食べたりも可能。冷凍するときも、水平にスライスしておけば、オーブントースターでそのまま焼き戻すことができます。

① 立てて包丁を入れる

ベーグルを立てて真ん中から包丁を1/3ぐらいのところまで入れる。

② 向きを変えて水平に切る

包丁が入ったままベーグルをまた板の上に置き、地面と水平にして切り進む。

本場の食べ方

# 食べる人の数だけ
# ベーグルサンドはある

ニューヨーカーはベーグルをサンドイッチで食べることがほとんどです。どんなふうに注文するのか、あるベーグルショップを例にとって説明します。まずベーグルを選びます。プレーンとかセサミとかオニオンとかプンパニッケル（p.93参照）とか日本でもおなじみだったり、そうでなかったりする約10種ぐらいの中から選びます。そのあとはスプレッド。クリームチーズだけでも、ウォルナッツレーズンにドライトマトにバジルにディルに……と20種類以上。それから、サーモンにハムにチーズに野菜に（それらにも数種類あり）……と途方もない選択肢が。まさに食べる人の数だけベーグルがある、という自由の国アメリカらしい食べものがベーグルなのです。

|   | 2 | 3 |
|---|---|---|
| 1 |   | 4 |

1. まずベーグルをいろんな種類から選ぶ。2. 冷蔵ショーケースにズラッと並んだ具材を見ながら選ぶ。3. クリームチーズに豆腐スプレッド……目移りするほどの品揃え。4. 野菜いろいろ。ベーグルにはさんだり、サイドメニューのサラダとしても注文できる。

焼き方
# 温めても、
# トーストしてもおいしい

基本は買ってきてなるべく早くそのまま食べること。焼くなら、温めるやり方とトーストするやり方、2種類があります。切らずにオーブントースターに入れ温め直すと、皮がパリッとして中身もやわらかく、焼き立てのような感じに戻ります。

水平に切って、焼き目がつくまでトーストするのもおすすめ。カリカリして、食感は軽く、歯切れもよいです。トーストした食パンに近い状態になります。

 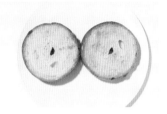

① 丸ごとのベーグルを温める場合

2分予熱したオーブントースターで約1分30秒温める。

② 水平切りにしたベーグルをトーストする場合

2分予熱したオーブントースターで約2分（冷凍からの場合は3分）焼く。

バリエーション

# 多種のバリエーションが楽しい！
# ベーグルの定番大集合

### セサミ
黒または白ごまを練り込んだり、まぶしたりして
焼いたベーグル。きんぴらごぼうや鶏の照り焼き
など和風のお惣菜も合う。

### チーズ
チーズを練り込んだり、のせたりして焼いたベー
グル。チーズのコクと塩味が加わり、食肉・水産加
工品＋野菜という組み合わせがおすすめ。

### グレイン
グレインは「種」のこと。オートミールやひまわり
の種など様々な雑穀や実が使われる。フムス
（p.149参照）、白カビタイプのチーズ、卵サラダ
（p.132参照）などのサラダ類をベースに。

### オニオン
オニオンチップス（フライドオニオン）を練り込ん
で焼いたベーグル。玉ねぎの風味が強いので、チー
ズ同様、食肉・水産加工品＋野菜という組み合わ
せがおすすめ。

いろんなバリエーションがあることがベーグルの楽しさ。NYベーグルの定番と、それぞれによく合う具材・料理を
ご紹介します。ベーグルに何をサンドするか迷ったとき、また食事パンとして楽しみたいときにも、ご参考あれ。

**シナモンレーズン**
シナモンパウダーとレーズンを練り込んだベーグ
ル。クリームチーズ＋りんごジャムまたはカラメ
ルりんご（p.149参照）。クリームチーズ＋メープ
ルベーコン（p.135参照）も合う。

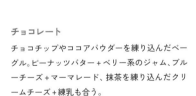

**ホールウィート**
全粒粉（ホールウィート）のベーグル。マッシュポ
テト（p.146参照）＋生ハムなど、p.110のAと食
肉・水産加工品という組み合わせがおすすめ。

**チョコレート**
チョコチップやココアパウダーを練り込んだベー
グル。ピーナッツバター＋ベリー系のジャム、ブル
ーチーズ＋マーマレード、抹茶を練り込んだクリ
ームチーズ＋練乳も合う。

**ブルーベリー**
ドライブルーベリーやシロップ漬けを練り込んだ
ベーグル。この中の甘い系のベーグルの中で最も
塩っぱい具材が合う。まずはBLTや卵サラダ
（p.132参照）からトライしてみては。

食べ方 ❶

# おいしさの法則は A + B

ベーグルサンドイッチの定番中の定番といえば、プレーンなクリームチーズとLOX（ロックス）。ロックスはスモークサーモンのことで、スライストマトやオニオン、ケイパーなども一緒にサンドします。このように「濃度のある口溶けのよいもの（A）を塗るまたはのせる＋Bをひとつまたは複数組み合わせる」のが、ベーグルサンドイッチを作るときの基本、あとはご自由に！

## A
### スプレッド類

- プレーンクリームチーズ
- フレーバークリームチーズ（レシピすべてp.157参照）
  スカリオン（ねぎの1種）クリームチーズ
  パプリカクリームチーズ
  ドライトマトクリームチーズ
  オリーヴクリームチーズ
  チョコチップクリームチーズ
  レーズンとくるみのクリームチーズ
  アップルシナモンクリームチーズ
  オレンジピールクリームチーズ
- フムス（p.149参照）
- ピーナッツバター
- ジャム／コンフィチュール（p.150参照）

### サラダ類他

- ベイクドサーモンサラダ（p.138参照）
- カレーツナ（p.140参照）
- タラモサラダ（p.146参照）
- 卵サラダ（p.132参照）
- マッシュポテト（p.146参照）

### チーズ類

- ハード・セミハードタイプのチーズ
  チェダー、ゴーダなど
- 白カビタイプのチーズ
  ブリー、カマンベールなど
- スライスチーズ

## B
### 食肉・水産加工品

- スモークサーモン
- カリカリベーコン（p.135参照）
- ハム
- 生ハム
- 鶏のローストまたはソテー（p.136参照）

### 野菜類

- トマト
- スライスオニオン（あれば赤玉ねぎ）
- アボカド
- 葉野菜（p.141参照）
- スプラウト（p.142参照）
- きゅうり
- パプリカ
- ピクルス（p.148参照／市販のもの）
- ケイパー

### こんな食べ方も！

- 甘いベーグルに塩っぱいフィリングをはさむ
- 塩っぱいベーグルに甘いフィリングをはさむ
- ブレックファーストベーグル
  ベーコン／目玉焼き（p.132参照）／チーズ
- BLTA
  ベーコン／レタス／トマト／アボカド
- BLTE
  ベーコン／レタス／トマト／目玉焼きまたは卵サラダ（共にp.132参照）
- エルヴィス
  ピーナッツバター／ベーコン／スライスバナナ

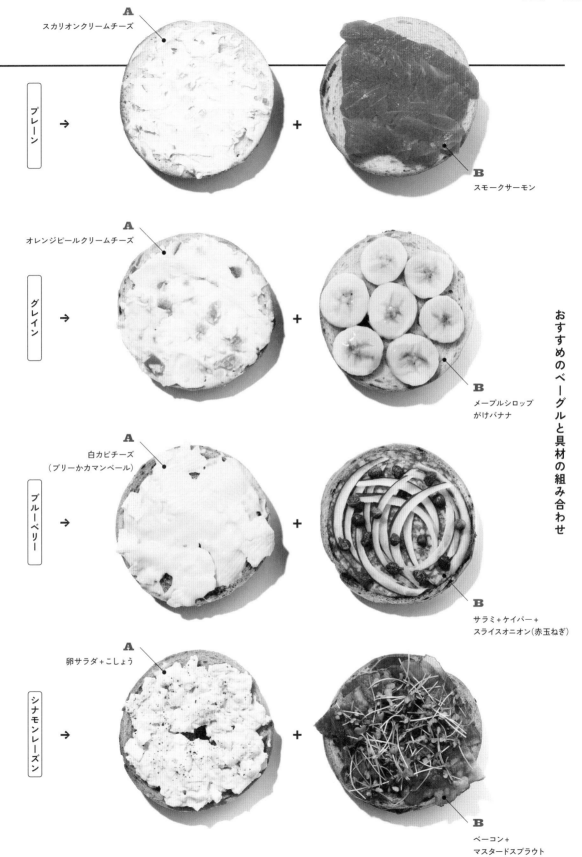

**A** スカリオンクリームチーズ

**B** スモークサーモン

プレーン →

**A** オレンジピールクリームチーズ

**B** メープルシロップ
がけバナナ

グレイン →

**A** 白カビチーズ
（ブリーかカマンベール）

**B** サラミ＋ケイパー＋
スライスオニオン（赤玉ねぎ）

ブルーベリー →

**A** 卵サラダ＋こしょう

**B** ベーコン＋
マスタードスプラウト

シナモンレーズン →

＋

おすすめのベーグルと具材の組み合わせ

食べ方 ❷

# ベーグルサンドイッチで世界を旅する

合うお酒 ┃ ビール、白ワイン

### 和ハーブのクリームチーズロックス

クリームチーズに和製ハーブを混ぜ込み、定番のロックスと合わせてみました。
スライスオニオン、トマト、アボカドなどをプラスしても。

**材料（2個分）**

スモークサーモン … 40g
和ハーブのクリームチーズ
　　クリームチーズ
　　（室温に戻す）… 60g
　　大葉 … 5枚
　　みょうが … 1/2個
レモン汁 … 適量
バター（室温に戻す）… 5g
ベーグル（プレーン）… 2個

**作り方**

❶ 和ハーブのクリームチーズを作る。ボウルにクリームチーズを入れ、やわらかくなるまで木べらで練る。
❷ 大葉は太い葉脈を切り落とし、せん切りにする。みょうがはみじん切りにする。
❸ ①に②を加え、混ぜる。
❹ パンを水平切りにし、下の断面に③を塗り、スモークサーモンをのせる。
❺ 上の断面にバターを塗り、④にのせてはさむ。
❻ 食べる直前に、スモークサーモンにレモン汁をまわしかける。

合うお酒 ┃ ビール、黒ビール、赤ワイン

### 自家製ソルトビーフサンド

ロンドンでベーグルサンドイッチといえばソルトビーフ。
塩漬けの牛肉をホロホロになるまで煮込んだ味、病みつきになります。

**材料（2個分）**

自家製ソルトビーフ
　　牛肩ロース肉ブロック … 300g
　　玉ねぎ … 1/2個
　　塩 … 10g
　　ローリエ … 2枚
　　こしょう（黒・ホール）… 10粒
ガーキン
（なければ甘味のないピクルス）… 2本
イングリッシュマスタード
（なければイエローマスタード）
… 大さじ1〜2
バター（室温に戻す）… 10g
ベーグル（チーズ）… 2個

**作り方**

❶ 自家製ソルトビーフ（p.136参照）を作る。粗熱がとれたら、厚さ5〜8mmに切る。
❷ ガーキンは1本が4枚になるように縦に切る。
❸ パンを水平切りにし、縁がカリッとなるまでトーストする。
❹ ③の両方の断面にバターを塗る。
❺ 下のパンにマスタードを塗り、①、②の順にのせ、上のパンではさむ。

＊ソルトビーフの上にマヨネーズを塗っても。

ベーグルサンドの具材は洋の東西を問いません。和風ロックスに、イギリスで悶絶したサンドに、アメリカの保守本流に、シナモンレーズンにはこれしかないというピッタリの組み合わせ。ベーグルサンドのオールスター勢揃い。

合うお酒　ビール、黒ビール、ハイボール

## BLT スペシャル

サンドイッチ具材のゴールデントリオBLT(ベーコン・レタス・トマト)に、アボカドのスプレッドを加え、グレードアップさせました。

### 材料（2個分）

メープルベーコン
　ベーコン … 3～4枚
　オリーヴオイル … 大さじ1/2
　メープルシロップ … 適量
ピスタチオとアボカドのスプレッド
（ベーグル4個分）
　アボカド … 1個（170g）
　にんにく … 1片（5g）
　レモン汁 … 小さじ2
　ピスタチオ（殻つき） … 50g
　粒マスタード … 大さじ1
　マヨネーズ … 大さじ1
レタス（p.141参照） … 2枚
トマト（厚さ8mm） … 2枚
こしょう … 少々
バター（室温に戻す） … 5g

ベーグル（プレーン） … 2個

### 作り方

❶ ピスタチオとアボカドのスプレッド（p.143参照）を作る。

❷ メープルベーコンを作る。ベーコンは半分に切り、オリーヴオイルを中火で熱したフライパンでカリカリになるまで焼く。

❸ お皿にメープルシロップを注ぎ、②の片面を浸す。

❹ パンを水平切りにし、縁がカリッとなるまでトーストする。

❺ ④の下のパンの断面にバターを塗り、レタス、トマト、③の順にのせ、こしょうをふる。

❻ 上のパンの断面に①を50g塗り、⑤と合体させる。

合うお酒　黒ビール、赤ワイン

## キャロットケーキ風スイートサンド

シナモンレーズンベーグルにメープルシロップ入りのキャロット・ラペ、くるみ、クリームチーズの組み合わせは、まるでキャロットケーキ。

### 材料（2個分）

クリームチーズ（室温に戻す） … 60g
スイートキャロット・ラペ
　にんじん … 1/2本（75g）
　くるみ（ロースト） … 10g
　メープルシロップ … 大さじ2
くるみ（ロースト） … 20g
ベーグル（シナモンレーズン） … 2個

### 作り方

❶ スイートキャロット・ラペを作る。にんじんは皮をむき、せん切りスライサーでおろす。くるみは細かく刻む。

❷ 小さいボウルに①、メープルシロップを入れ、よく和える。

❸ パンを水平切りにし、下のパンの断面に②を広げる。

❹ 上のパンの断面にクリームチーズを塗り、くるみを手でくだいてのせ、③と合体させる。

妄想特派員だより ⑩

# アメリカ人のモーニングの定番!
# 市販のドーナツに手作りのトッピングをほどこして

ヘイ! アメリカ特派員のジェニファー・パンスキーンズです! ジェニーって呼んでね。私はアメリカのNY(ニューヨーク)に住んでいます。

『パンのトリセツ』では、ベーグルのことをとり上げてくれたみたいね。サンキュウ! ご存じのようにベーグルのルーツはアメリカじゃないんだけど、卵や乳製品を使わないし、食べ応えがあるということで、健康志向の強いニューヨーカーの間で広まったの。今やアメリカを代表するパンよね。じゃあ、ここでクエスチョン。ベーグルと共通点が多いパン。同じような形をしていて、移民がもたらし、ベーグルと同じように朝食に食べられているものってな〜んだ? そう、ドーナツ! 日本ではドーナツっておやつに食べることが多いんでしょ? アメリカでは朝食に食べるのが一般的なの。NYで朝早くからやっているコーヒースタンドには、ベーグル、ドーナツ、マフィンが必ず並んでるわ。NYの食のトレンドもめまぐるしく

変化しているけど、この3つはモーニングの定番ってところかしら。アメリカはどの町にもドーナツショップがあって、朝早くからオープンしているそう。そして、お昼過ぎにはクローズするんですって。まあ、アメリカも広いから、田舎のドーナツショップの話だと思うけどね。ジェニーもドーナツ大好きよ。でも、種類がたくさんあるし、おしゃれなショップに行くと新作のフレーバーのドーナツもあったりして、いつも迷っちゃうのよね。季節ごとにフレーバーをかえる、なんてお店もあったりして。アメリカのドーナツ生地には基本2タイプあるの。ふわっとしたイースト発酵タイプとしっかりめのバターケーキタイプ(ベーキングパウダーか重曹入り)ね。この2つの生地をリングにしたりツイストしたり、コーティングやトッピングをほどこすことで、いろいろなバリエーションが生まれているというわけ。英語のレッスンも兼ねてドーナツの種類を、今からレクチャーするわね。

### イースト発酵タイプ／Yeast(ed) Doughnuts

- **Sugared / シュガード**
  砂糖そのものがまぶしてある。

- **Glazed / グレイズド**
  半透明の砂糖液でコーティングしてある。

- **Frosted (or Iced) / フロスティッド(またはアイスト)**
  色とフレーバーのついたアイシングがついている。
  さらにカラースプレーなどの粒々がついたものを
  Sparkled (スパークルド)という。

- **Filled / フィルド**
  センターにクリームやジャムなどが詰められている。

- **Twist / ツイスト**
  生地をねじって揚げてある。
  シュガード、グレイズド、シナモン味が定番。

- **Roll / ロール**
  生地を渦巻き状にして揚げてある。
  コーヒーロール、シナモンロールが定番。

### バターケーキタイプ／Cake Doughnuts

- **Traditional / トラディショナル**
  最もベーシックなドーナツ。

- **Old-fashion(ed) / オールドファッション**
  表面が割れてゴツゴツしたリングドーナツ。

- **Cruller / クルーラー**
  フレンチクルーラーの場合、生地がシュー生地になる。

- **Apple Fritter / アップルフリッター**
  りんご、アップルサイダー、シナモン入りのゴツゴツしたドーナツ。

えっ、知ってるって? 日本にも同じようなドーナツショップがある?「ミスタードーナツ」っていうの? アメージング! じゃあ、そのお店のドーナツ、グレイズやシュガーがかかっていないものを用意して! NYや西海岸テイストのおいしいグレイズやしゃれたデコレーションを、ジェニーが伝授するわ。

## ミスタードーナツのオールドファッションを使って　レシピはドーナツ1個分

### アールグレイグレイズ

**材料・作り方**

アールグレイグレイズ
> 粉砂糖 … 大さじ2 (15g)
> 水 … 小さじ1/2
> アールグレイ（粉末）… 小さじ1/2
> ＊ティーバッグの中身を使用

❶グレイズを作る。小さいボウルにすべての材料を順に入れ、そのつどよくかき混ぜる。
❷①を電子レンジ（500W）で20秒加熱する。
❸ドーナツのおもて面にスプーンで②を水玉模様になるようにかける。

### ハイビスカスグレイズ

**材料・作り方**

ハイビスカスグレイズ
> 粉砂糖 … 大さじ2 (15g)
> 水 … 小さじ1/2
> ハイビスカスティー（粉末）… 小さじ1/2
> ＊ティーバッグの中身を使用

❶アールグレイグレイズの作り方①、②と同様に作る。
❷ドーナツのおもて面に①を塗る。

### レモン＆タイム

**材料・作り方**

レモングレイズ
> 粉砂糖 … 大さじ2 (15g)
> レモン汁 … 小さじ1/2
> タイム（あれば生）… 2枝

❶レモングレイズを作る。小さいボウルにすべての材料を入れ、スプーンでよくかき混ぜる。
❷①を電子レンジ（500W）で20秒加熱し、タイムの葉を1枝分加えて混ぜる。
❸ドーナツのおもて面にスプーンで②をかけ、残りのタイムの葉をちらす。
＊タイムのかわりにローズマリーを使っても。

### クリームチーズ＆スパイス

**材料・作り方**

クリームチーズアイシング
> クリームチーズ … 1個（18g）
> 粉砂糖 … 小さじ1
スパイス（パウダー／好みでシナモン、カルダモンなど）… 適量
くるみ … 1～2個

❶クリームチーズアイシングを作る。小さいボウルにクリームチーズを入れ、電子レンジ（200W）で30秒加熱し、なめらかにする。
❷①に粉砂糖を加え、よく混ぜる。
❸ドーナツの裏面にスパイスをふりかけ、②を塗り（逆でもOK）、砕いたくるみを飾る。

### ジンジャークリームチーズ＆オレンジ

**材料・作り方**

ジンジャークリームチーズアイシング
> クリームチーズ … 1個（18g）
> 粉砂糖 … 小さじ1
> しょうが（すりおろし）… 小さじ1/5
オレンジ（果肉）… 適量

❶ジンジャークリームチーズアイシングを作る。クリームチーズアイシングの作り方①、②と同様に作る。
❷①にしょうがを加え、よく混ぜる。
❸ドーナツの裏面に②を塗り、オレンジを飾る。

### キャラメル

**材料・作り方**

キャラメル … 2粒（9g）

❶クッキングシートの上にキャラメルをくっつけて並べ、電子レンジ（500W）で30～40秒加熱する。
❷広がって溶けた①の上にドーナツを置き、ひっくり返してキャラメルをはりつける。真ん中のキャラメルはやわらかいうちに穴に押し込む。
＊キャラメルがやわらかいうちにフルール・ド・セルをかけても。

パンのこと、もっと知りたいあなたのために、
「パンって何？」「いつからあるの？」「おいしいパンの見分け方は？」など、
パンにまつわる基礎知識をまとめました。
様々なパンに活用できる保存方法や切り方のコツも解説します。

## ●パンの定義

パンとは、小麦粉、ライ麦粉、米粉といった穀物の粉に
水、酵母、塩を加えて作った生地を、発酵させ、焼くこ
とででき上がる食べもののことです。ただし、例外はあ
ります。インドやパキスタンのチャパティのような無発
酵パンには、酵母が入っていませんし、マフィンのよう
なクイックブレッドは、酵母のかわりにベーキングパウ
ダーで膨らませて作ります。塩についていえば、イタリ
アのパーネ・トスカーナ（トスカーナ州のパン）には入
っていません。次から次に例外が出てくるぐらい、パン
とは多種多様、結構、何でもありです。

## ●パンの歴史

### パンが食べたいという「パン欲」が
### 農業を開始させ、文明を開化させた？

パンの歴史は約1万4000年前、今のヨルダン辺りには
じまります。小麦や大麦、植物の根っこの粉をこねて平
たくし、石を組んで作ったかまどで焼いたもの（人類史
上もっとも古い料理ともいわれています）。農業がはじま
ったのは約1万年前ですから、それより古くからパンが
あったのでは？ と。
この事実を総合し、僕は「人類パン好き説」を唱えてい
ます。パンが食べたいという「パン欲」があったからこ
そ、農業を開始し、それが文明を進化させる原動力とな
ったわけです。
定義のところで述べたような、発酵させたパンのはじま
りは、約5000年前のエジプトです。生地をこねて置い
ておいたものが膨らんでいることを発見。焼いてみると
おいしかったので、それ以来、パンを発酵させてから食
べることを覚えたそうです。何でこんなことがこと細か
にわかっているかというと、エジプトの王の墓にパンを
作るところを描いた壁画が残っているからです。粉を挽
く道具やかまども描かれていて、パン作りは相当なレベ
ルに達していたことがわかります。エジプト人は近隣民
族から「パンを食べる人」と呼ばれていたそうです。

### ヨーロッパ各地に広がり
### 技術の向上にともない白いパンが庶民にも

紀元前500年頃、古代ギリシャになると、驚くほどたく
さんの種類のパンが焼かれるようになりました。チーズ
入り、はちみつ入り、オリーヴ入り、ドライフルーツ入
り、ワイン入り、揚げパン……現代にあるようなパンは、
ほとんど出揃っていたといってもいいぐらいです。ギリ
シャの高いパン技術は古代ローマに引き継がれました。
ポンペイの遺跡に残されているパン窯は、現代の薪窯と
ほとんど同じ形のものです。フォカッチャ（p.74参照）
はこの頃からローマ帝国で焼かれてきたといわれていま
す。
パンの技術はローマ帝国が広がると共にヨーロッパ各地
に伝わっていきました。
ライ麦は小麦の中に混じっていた雑草でしたが、北に種
が伝えられていくにつれ、小麦の中に混ざる率はどんど
ん多くなっていきます。それが、小麦とライ麦がミック
スされたライ麦パン（p.90参照）が食べられるようにな
った起源だと想像しています。
中世のヨーロッパでは、白いパンは身分が高い人が食べ
るもの、ふすまの入った黒いパンは身分の低い人が食べ
るもの。食事のとき、席に置かれたパンを見ただけで、ど
んな身分の人なのかわかるほど。白いパンは憧れの食べ
ものだったのです。
この頃のパンは、今でいうカンパーニュ（p.26参照）の
ようなものでした。村には共同窯が設置されており、そ
こで1週間分のパンを焼きます。まだパン酵母（イース
ト）が発明される前の時代。生地の一部をパン種として
とっておいて、それを次回作るとき、生地に混ぜて発酵

させました。

18世紀に産業革命が起きると、石炭による大型の窯ができ、工場で大量生産されるパンも出現しました。これがイギリスで生まれた食パン（ティンブレッド／p.50参照）です。19世紀には、現代的なパンを焼くための技術が出揃いました。それは、パン酵母（イースト）と、ふすまをとり除いた白い粉を製造できるロール製粉機（ふたつの鋼鉄製のロールを回転させて小麦のふすまを割る）です。20世紀になり、それまでのどっしりしたカンパーニュのようなパンではなく、白い粉とパン酵母によってバゲット（p.6参照）やクロワッサン（p.38参照）がパリで食べられるようになったのには、こうした背景がありました。

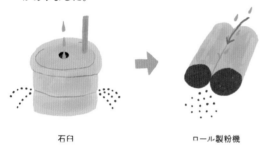

石臼　　　　　　　　ロール製粉機

### 鉄砲と共に日本へ伝来
### 菓子パン文化とアメリカの影響

日本に、最初に西洋のパンが入ってきたのは16世紀。「鉄砲伝来の地」として知られる種子島に漂着したポルトガル人はパンも伝えていたのです。日本語の「パン」の語源は、ポルトガル語で「パン」を意味するpão（パオ）から来ているとか。

江戸時代は鎖国をしていたため、あまりパンが広がることがなく、出島の外国人が食べたり、軍用の食糧として使われるのみでした。幕末になると横浜の居留地に住むイギリス人がパン屋さんを開店し、イギリスパン（食パン）を焼くようになりました。この流れを引く店は今も「ウチキパン」として横浜に現存しています。

日本で生まれたパンの代表はあんぱん。明治7年（1874年）に「銀座木村家」が発明しています。当時の日本人にとってパンは謎の食べもの。あまり売れなかったため、まんじゅうに寄せて、酒種（麹から起こした発酵種）の生地にあんこを入れたところ大ヒット。「中村屋」もクリ

ームパンを売り出すなど、日本では食事パンではなくおやつとして、パンが受け入れられていきます。

酒種やホップ種（ビールの原材料になるホップから起こした発酵種）など、日本でも長い間、発酵種でパンが焼かれていましたが、大正時代になるとイーストが登場。日本ではじめてアメリカから輸入したイーストで「丸十ぱん店」が売り出したのがコッペパン（p.64参照）でした。イーストの登場に刺激されるように、大正から昭和初期の頃には、カレーパンやメロンパンなどの新しいパンが生まれていきます。

戦後は日本人がどんどんパン好きになっていった時代です。その大きなきっかけをアメリカが作ってくれました。戦後、食料がなく飢えていた日本人に小麦粉や脱脂粉乳を援助してくれたアメリカ。それらを使って、給食用のコッペパンが焼かれるようになりました。昭和の給食は毎日パンと牛乳だったので、日本人の食習慣に、これが強烈にインプットされたのでしょう。

今、日本で最も食べられているパンは食パン。これもアメリカの影響が大です。朝食はトーストとコーヒー、これもアメリカのキャンペーンによるものです。また、アメリカはたくさんのパン職人を育成したりもしました。ふわふわのパンであるコッペパンや食パンは、アメリカ・カナダ産の小麦粉が最も得意とするパン。ゆえに、日本のパンを作る小麦粉の約90％以上はアメリカ・カナダ産になってしまったのです。ですから、僕の心の中では、「アメリカよ、僕たちをパン好きにしてくれてありがとう！」という感謝と、「日本人の大事な食べものを海の向こうの素材に頼っていていいのかな？」という疑問が争っているわけです。

### 国産小麦で作る個性的なパン屋が続々
### 空前のパンブームへ

昭和の終わり頃から日本でも、「国産小麦でパンを焼こう！」という動きが盛り上がってきました。1984年に創業した「ルヴァン」は、自家培養した発酵種と生産者からとり寄せた麦を自家製粉してカンパーニュを作る店の草分け。1999年に創業した「ブノワトン」は地元の生産者に栽培を委託、自ら創業した石臼の製粉所で挽いた「湘南小麦」でパンを作りました。彼ら先駆者たちはとても苦労して国産小麦でパンを焼いたのです。この頃は「国

産小麦でパンは作れない」がプロのパン職人の常識。な
ぜなら、弥生時代に小麦が日本に伝来し、以後ずっと栽
培されてきたのはうどん麺用小麦（中力粉）で、パンに
は向いていなかったからです。明治・大正生まれの人は、
小麦粉のことを「うどん粉」と呼んだり、アメリカから
やって来た粉という意味で「メリケン粉」とも呼んでい
ました。

ところが、品種改良によって、北海道を中心に、日本で
もパン用小麦が生まれていきます。その先駆けは1987年
にデビューしたハルユタカ。その後、キタノカオリやゆ
めちから、九州ではミナミノカオリ、関東甲信越でもゆ
めかおりやハナマンテンなど、次々とおいしいパンが焼
ける小麦が栽培されるようになりました。それにともな
い、日本中で、その土地の小麦を使う個性的なパン屋さ
んが出現。小麦の個性を表現してパンを作ることが、日
本のパンの流れの最先端となっていきました。

また、平成以後は、かつては「重くて食べにくい」が代
名詞だった発酵種の技術も発展。加水を多くして口溶け
をよくしたり、発酵時間を長くとって発酵フレーバーを
豊かにしたパンなどが広まってきました。おいしい小麦、
技術の発展、そして個性的なパン職人が続々登場し、「パ
ンブーム」と呼ばれるほど、今、パンの世界は盛り上が
っています。

## ●パンのことがもっとよくわかる用語集

毎日食べているパンのこと、意外と知らない人は多いの
ではないでしょうか。小麦からできていることは知って
いるけれど、他の材料は？ どうやって膨らむの？ など
素朴な疑問が出てきてしまうのもパンの魅力。ここでは、
主な材料とパンが膨らむ仕組み、製法がわかる言葉を解
説します。シンプルだからこそ奥が深いパンの世界へと
ぐっと踏み込むための用語集です。

### 【粉編】

#### 小麦粉

ふすまを除き、小麦の粒の中でも白い部分（胚乳）だけ
をとり出して作られる、いわゆる「白い小麦粉」のこと。

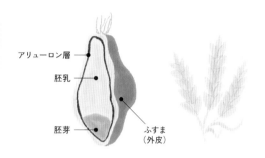

アリューロン層
胚乳
胚芽
ふすま（外皮）

#### 全粒粉

小麦の粒を丸ごと挽き込んだ粉。ふるいにかけることな
く小麦のすべてをそのまま粉にしたものが「完全全粒
粉」。ただし、ふすまのうち大きい粒のものをふるい分け、
食べやすくしたものが一般的。

#### 強力粉／準強力粉／中力粉／薄力粉

小麦粉に含まれるタンパク質含有量によって4つの種類
に分けられ、このタンパク質がグルテンを形成する
（p.122参照）。強力粉はタンパク質含有量が最も多く、順
に少なくなり、薄力粉が最少。

強力粉は食パンや菓子パンなど強いグルテンが求められ
るパン用。産地はアメリカ・カナダ産（外麦）や北海道
産などが中心。準強力粉～中力粉は、パン用としてはリ
ーン系（ハード系）に使われる。フランスパン専用粉な
どとして売られることもある。強力粉ほど強靭なグルテ
ンができないため、強力粉のグルテンを弱めて、歯切れ
をよくする目的でブレンドされることも。薄力粉は一般
的に製菓用の粉。グルテンになるタンパク質が少ない。

↓ 小麦粉の種類の違い

| | 薄力粉 | 中力粉 | 準強力粉 | 強力粉 |
|---|---|---|---|---|
| タンパク質含有量 | 少ない 6.5-8.5% | 中 9%前後 | やや多い 10.5-11.5% | 多い 11.5-13.5% |
| 粘り | 弱い | 中 | やや強い | 強い |
| キメ（粒度） | 細かい | 中 | 粗め | 粗い |
| 用途 | お菓子 | うどん、お好み焼きなど | バケットなどのリーン系 | リーン系以外のパン |

### 国産小麦

パン用小麦のうち国産小麦が占める割合は3％（2009年）に過ぎない。その内、北海道産が約60％、福岡、佐賀、熊本などの九州産、群馬や埼玉など関東産がそれに続く。近年は、品種改良によって北海道産を中心にパンに向く品種が開発されてきた。産地や品種によって様々な個性があるが、総じて、お米に通じるような甘味やモッチリ感が国産小麦の特徴。

### 外麦（アメリカ産、カナダ産、オーストラリア産）

スーパーでも売られているような、大手製粉メーカーの小麦粉をこのように呼ぶことがある。北米産小麦は国産やフランス産に比べ、パンを作るのに向いたタンパク質が豊富。そのため、日本で食べられるパン用小麦のほとんどは北米産である。うどん麺用の中力小麦はオーストラリア産が多い。

### フランス産小麦

バゲットを生み出した国、フランス。フランス産小麦は、バゲットやカンパーニュなどハード系に用いられる。アメリカ・カナダ産ほどタンパク質含有量が多くない。風味としてはバターのような甘さがあったり、干しエビのような鼻にぐっと押し込んでくるようなコクがある。色が黄色味を帯びている場合も。

### ライ麦

小麦と違い、ライ麦のタンパク質はグルテンをほとんど作ることができない。そのため、ライサワーを使用することで生地を酸性にし、ドロドロになるのを防ぐ（p.90参照）。ドイツ産、北米産などが主で、国産は稀少。

### 米粉

グルテンフリーの流行と共によく使われるようになってきた。グルテンを含まないため、小麦粉と合わせて使用する場合が多い。モチモチ感や甘さがある。

### グラハム粉

ふすまと胚芽だけ粗挽きにした完全全粒粉の一種。

### 【副材料編】

### 油脂

生地ののびをよくして、気泡膜や皮を薄くし、ふわふわにする（固形油脂の場合）。その結果、歯切れよく、口溶けのよいパンに。生地の水分を閉じ込め、乾燥を防ぐ役割も。牛乳から作られる動物性油脂がバター。製パン用油脂として、牛乳以外の様々な原料から作られるマーガリンやショートニングなどがある。自然派のパン屋では菜種油やごま油なども使用される。

### バター

パンに使われる油脂のひとつ。ミルキーな香りや甘さに富む。ブリオッシュ、クロワッサン、バターロールには必須で、食パンにも使われる。

### 生クリーム

ミルキーさや甘さを加えると同時に、脂肪分が多いため、油脂としての働きもある。

### 脱脂粉乳

牛乳からバターを除いた脱脂乳を乾燥させたもの。色づきがよくなり、ミルキーさや甘さがあるのが特徴。トーストしても香ばしく、パリパリ感がある。

### 卵

甘い風味や香ばしさを加えると共に、生地ののびをよくしたり、老化を遅らせたり、乳化（油と水が混ざり合った状態になること）させたりする効果も。

### 砂糖

糖がカラメル化するため、パンの色づきがよくなる。生地をやわらかく、しっとりさせる効果も。パン酵母の栄養源になるが、菓子パンのようにたくさん入れると、パン酵母の活動やグルテンの結合を邪魔することもある。

### 塩

料理に用いるときと同じく、食べておいしいと感じさせ

るための調味料だが、グルテンの弾力を高めて生地をま
とめ上げる効果もある。小麦粉に対して2%が標準的。

## 【酵母編】

### 酵母の働き

パンができるのは酵母という微生物の働きによる。小麦
粉や酵母に由来する酵素がでんぷんを糖に分解。酵母は
この糖をえさに活動し、二酸化炭素（炭酸ガス）とアル
コール（エステル）など香りの成分を出す。酵母が出し
た二酸化炭素を生地がはらむことで、パンが膨らむ。こ
の流れを「発酵」という。どのように発酵をとり、酵母
を活動させるかによって、パンの味や形が決まる。
酵母（サッカロマイセスセレビシエ）は、日本酒やワイ
ン、ビール作りにも使用される。特にパン作りに向いて
いるものを「パン酵母」と区別する。

### パン酵母（イースト）

パンを作るのに向いた発酵力の強い酵母を培養し、増殖
させたもの。スーパーなどで売られる市販の「イースト」
のこと。生イースト、ドライイースト、インスタントド
ライイーストがある。本書では「イースト」という言葉
は使わず、「パン酵母」と表記（一部例外あり）。

### 発酵種

いわゆる「天然酵母」。小麦やレーズンなどに水を加え、そ
れらに付着した酵母（または空気中に浮遊している酵母）
を増やし、活性化させることで、パン生地を発酵させるた
めの「種」を作る。見た目はパン生地と変わらない。
発酵種は顕微鏡で見てセレクトするパン酵母とは違い、
ピンポイントで発酵力のある酵母だけを選び出すことは
できない。すべては人間の目や感性による作業がものを
いう。種は、酵母や乳酸菌、酢酸菌など様々な菌が含ま
れる一種の生態系であるがゆえに、それぞれの菌が醸し
出す酸味や香り、たくさんの風味が含まれる。パン酵母
と比べ発酵力が劣るため、目の詰まったパンになりがち
であり、発酵も安定しない。それも素朴な風味や重たい
パンになる理由である。
これをお店で手作りした場合「自家培養発酵種」などと

呼ばれる。市販の発酵種を添加して作る場合もある。
発酵種には、ルヴァン種、ライサワー、レーズン種、酒
種などがある。また、果実や野菜、花などから、発酵種
を起こすこともできる。

### 小麦、レーズンなどの酵母

休眠している

↓

水を加える

↓

目覚め活性化する

### サワー種（サワードゥ）

穀物から起こした発酵種の総称。パン作りの原点であり、
ルヴァン種、ライサワーもこれに含まれる。
最近、サワードゥというと、アメリカ西海岸の名店「タ
ルティーンベーカリー」のカントリーブレッドからはじ
まったムーブメントを指すことが多い。酸味が出る前の
若い（発酵時間が短い）発酵種を使用し、高加水の生地
を、高温で焼き上げる製法がその特徴。

### ルヴァン種

小麦粉から起こした発酵種のこと。単に「ルヴァン」と
呼ぶ場合もある。パンに酸味やコクのある風味を与える
と共に、フルーティな香りを含ませることも。

## ルヴァンリキッド

ルヴァン種には、ルヴァンリキッド（水分が多く流動性のある種）とルヴァンデュール（水分が少なくかたい種）がある。水分量が多いと、酸味が出過ぎず、甘い種になる傾向がある。

## ライサワー

サワー種の中でも特にライ麦から作られるサワー種をこう呼ぶ。グルテンがほとんど生成されないライ麦からパンを作るときに不可欠なもの。独特の酸味と風味がある。ドイツパンや北欧のパンなどに使用される。

## レーズン種

酸味が比較的少なく、レーズン由来の甘さがパンに加わることが特徴。そのため、焼き込んだパンでも苦味が出にくく、ハード系との相性がいい。

## 酒種

麹から作られる日本特有の発酵種。「銀座木村家」のあんぱんに使われていることで有名。日本酒や味噌、甘酒に似た風味が醸される。

## グルテン

小麦粉にはグリアジンとグルテニンという2種類のタンパク質が約10％含まれている。小麦粉に水を入れてこねると、この2つがからみ合って薄い膜になる。このように小麦粉に含まれるタンパク質と水が結びついてできた、ゴムみたいな物質を「グルテン」という。それによって、生地は空気をはらみ、パンが膨らむ。生地の粘りや、弾む力のもとになると共に、焼いた後は冷えて固まり、パンの骨格になる。
グルテンを作れば作るほど、生地は膨らみやすくなる一方、かたくなり、歯切れや口溶けが悪くなるのが難点。このバランスをとることがおいしいパンを作る上で大切。

## でんぷん

小麦粉の70〜75％を占める、パンの味わいの主軸。酵母がもつ酵素の働きによって、でんぷんが糖に分解され、酵母のえさになる。と共に、それはパンを噛んだときに感じる甘さのもとでもあり、口溶けが進んで鼻から抜けていく香りのもとでもある。

## 【製法編】

## ストレート法

最初に材料をすべて混ぜ合わせ、一度のミキシングでパンを完成させる標準製法。シンプルに小麦粉そのものの風味を生かしたパンが作れる。発酵時間が短いため、日持ちがしにくいことも。

## 長時間発酵

こね上がった生地を標準製法より長く、ひと晩程度寝かせる製法（オーバーナイトとも呼ばれる）。風味が濃厚になり、生地の水和（小麦粉が水を吸うこと）が進む。これにより、口溶けがよくなり、生地が日持ちするようになる。より少ないパン酵母でパンが作れるため、いわゆる「イースト臭」がしにくいのも利点。近年は、作業を効率化するため、ほとんどのベーカリーがこの製法を採用するようになった。
同じ長時間発酵でも、発酵温度によって効果が変わってくる。冷蔵庫（5℃以下）でオーバーナイトさせるのが一般的。17℃前後など高めの温度帯では、小麦粉や酵母などに由来する酵素によって小麦粉の分解が進み、風味成分をより多く生成できる。

## 中種法

小麦粉、酵母、水（場合によっては砂糖などの副材料も加える）の一部をこねて中種を作り、数時間からひと晩の発酵をとっておく。そのあと、本ごねで残りの材料と中種を合わせて生地を作る。
生地を2回こねるのでグルテンが強化され、パンにボリュームが出ることや、生地の水和が進んで日持ちすることが特徴。製パンメーカーによる袋入りのパンや、菓子パンや食パンなどで行われる製法。

## オートリーズ

ミキシング（p.123参照）の前に、パン酵母を入れずに

粉と水を合わせておく。こうすることで、水和（p.123参照）が進み、生地の口溶けがよくなり、酵素が小麦粉の成分を分解することで、甘さや香りを作り出すことができる。通常30分程度だが、最近は数時間からひと晩に及ぶ長時間のオートリーズが行われるようになった。

## ポーリッシュ

リーン系のパンでよく行われる、小麦粉、酵母、多めの水を合わせてひと晩置く製法。酵母が働いて独特の風味が出るうえ、歯切れがよく、日持ちする生地になる。

## α（アルファ）化

生のでんぷんが水と結びつき、加熱されることで、やわらかく、みずみずしく、口溶けがよくなり、甘さも出ておいしくなることをα化という。パン生地がオーブンの中で熱せられると、でんぷんのα化が起こる。
通常製法のパンよりもっと、でんぷんのα化を進めることができるのが湯種や高加水による製法。甘みが増し、時間が経ってもかたくならない特徴がある。
家庭でパンを焼き戻すことも同様。焼く前に、霧吹きなどで水分を加えると、さらにα化が進んで、やわらかさや、口溶けのよさを与えることができる。

## 湯種

小麦粉の一部をあらかじめお湯でこねておくことで、α化（α化の項参照）を進める製法。

## 高加水

生地に多くの水を入れること。通常粉に対して70％前後だが、80％や多いときには100％を超える水分を入れることを高加水（多加水）と呼ぶ。これによりα化（α化の項参照）が進み、モチモチを超え、ぷるぷる食感になる。

## 水和

小麦粉が十分に水を吸うこと。小麦粉は時間をかけてゆっくり水を吸い込んでいく。発酵時間を長くしたり、オートリーズをとると、小麦の芯にまで水を吸わせることができる。水和した生地の効果はオートリーズの項参照。

## パンチ

発酵の途中で、生地をのばしたり、たたんだり、衝撃を与えたりして行う作業。グルテンの強化や、空気を入れかえて酵母の活動を活発にしたり、気泡の大きさの均一化をはかるなどの目的を持つ。「パンチで作り上げる」という言い方がある。ミキサーだけに頼らず、感覚で加減を見ながらグルテンを作ることで、やわらかなパンを仕上げる上級テクニックを表現した言葉だ。

## ミキシング

生地をこねること。ベーカリーでは、電動のミキサーを用いて行う。材料を均一に混ぜ合わせると共に、グルテンを形成し、のびと弾力のある生地を作り上げる。強く、長くこねるほどグルテンが強化されてボリュームが出る一方、グルテンがかたくなって歯切れが悪くなったり、空気に長く触れるため、酸化が進んで風味が失われやすくなる。反対に、こね過ぎないように作るのがp.20のリュスティックやパン・ド・ロデヴで、これらには小麦の風味が濃厚に残っている。
最近は手ごねが世界的なブーム。手の力は機械に比べ弱く、グルテンがそれほど強くならない。よって、やわらかなパンができる。

## 酵素

小麦粉や酵母についた酵素は、（パンを作るときに）水と合わさることで活動を開始。小麦粉の中のタンパク質やでんぷんを分解し、甘さのもとになる糖やアミノ酸などを作り出す。長時間発酵によって風味が濃厚になるのはこのため。ただ、それがすべてではなく、発酵を進ませない（酵素を活動させない）ゆえのフレッシュなおいしさも存在する。
あらゆるファクターにいえるが、おいしさは一方向ではない。進ませるか進ませないか、多いか少ないか、どちらに進んだとしてもそれぞれのおいしさがある。それがパンのおもしろさだと思う。

●分布＆種類 　世界各地で様々なパンが生まれ、日々食べられています。ここでは日本でも入手しやすい、本書掲載のものを中心に、国や地域別に紹介します。

**① アメリカ**
ベーグル（p.104）
バン（ハンバーガーバンズ）
サンフランシスコサワードゥ
ドーナツ（p.114）
マフィン
シナモンロール

**② イギリス**
イギリスパン（p.50）
イングリッシュマフィン（p.82）
クランペット（p.88）
スコーン

**③ ドイツ**
ライ麦パン（p.90）
ブレッツェル（p.100）
シュトレン
ベルリーナ

**④ オーストリア**
カイザーゼンメル
ゾンネンブルーメン
ザルツシュタンゲン

**⑤ フランス**
バゲット
（その他バゲット生地のパン／p.6）
カンパーニュ（p.26）
リュスティック（p.20）
パン・ド・ロデヴ（p.20）
クロワッサン（p.38）
ブリオッシュ（p.48）
ベニエ

**⑥ イタリア**
フォカッチャ（p.74）
チャバタ（p.75）
グリッシーニ
ロゼッタ
パネトーネ
パンドーロ

**⑦ 北欧**
ライ麦パン（p.90）
クネッケ（p.102）
シナモンロール
デニッシュペストリー

**⑧ インド・パキスタン**
ナン
バトゥーラ
チャパティ（p.117）

**⑨ 中東**
ピタ（p.63）

**⑩ 日本**
食パン（p.50）
コッペパン（p.64）
バターロール（p.65）
塩パン（p.73）
カレーパン（p.73）
あんぱん（p.72）
メロンパン（p.72）
クリームパン（p.73）
ジャムパン（p.73）

●各国・地域のパンは、食事パン、惣菜パン、甘いパンの順に掲載。

## ●おいしいパンの見分け方

「おいしいパンの見分け方は？」「おいしいパン屋さんかどうかわかる方法は？」とよく聞かれます。それが知りたければ食べることが一番いいと思います。でも、見た目や匂いに対する判断を普段から心がけておくと、パンに対する感覚が鋭くなりそうです。手がかりになりそうなファクターを書いておきます。

### 1 インスピレーションを大切にする

パンに絶対的な基準はありません。パンの基準は人それぞれです。「美しい」「おいしそう」だと思ったら、それがあなたにとっていいパンだと思います。「このパンはおいしいかな？」そう思っていつもパンを見ていくと、自分なりの基準ができてきます。見た目と食べたときの味をつなげて、頭の中にデータベースを作り上げていきましょう。やがておいしいパンがどんなものか、なんとなく勘が働くようになります。

### 2 匂い

これはある意味、店に入らなくても「おいしいパン屋さんかわかる方法」（絶対ではないけど）ではあります。店の外までおいしい匂いが漂ってきているなら、入ってみる価値はあります。匂いは正直です。匂いによって、マーガリンかバターかがわかります。発酵の香り、焼き上がるときの香ばしさ、それがいい香りであり、豊かなら、パンのおいしさにつながっています。匂いから製法を予測できることも。

### 3 焼き色

焼き色はもっともわかりやすい手がかりです。むらなく焼き色がついていれば、腕の立つパン屋さんかもしれません（薪窯で焼いていれば、焼きむらはつきものなので、その限りではありません）。

濃厚な焼き色がついていれば、生地の中に糖分がしっかり残っていて、おいしいかもしれません。また、ギリギリまで焼き込まれているので、風味も濃くなっているでしょう。ただし、焼き色が薄めだからといっておいしくないわけではありません。あえて浅く焼いて、小麦など

素材の風味を活かすやり方もあります。

底の焼き色を見てください。オーブンには上火と下火があります。上火を強くし過ぎると、焦げて見た目が悪くなるので、抑える傾向にあります。パンの底までひっくり返して見る人はあまりいないので、下火を強く焼くことで、しっかり火を通す（つまり、焼き色がしっかりついている）パン屋さんは信用できそう、だといえます。

### 4 形がきれい

店に並んでいるとき、どのパンも正確に同じ形・色であれば、腕の立つパン屋さんです。ただし、発酵種のパンの場合、パン酵母（イースト）に比べ、コントロールが難しいため、この限りではありません。国産小麦なども、ロットによってばらつきがあるため、常に同じ形にすることが難しくなります。

ふわりと膨らんだパンは美しく見えますが、膨らんでいると味が薄くなる傾向があり、必ずしも、おいしいとは限りません。ボリュームの出ないパンがかえって味が濃く、おいしい可能性もあります。形が整わないパンでも、成形を最小限に抑え、生地にストレスを与えないよう作っているかもしれないので、おいしい可能性があります。そんなふうに、相反する要素があり、一概には決めつけられませんが、だからこそパンはおもしろいといえます。

### 5 美しい内相

切ったときの断面のことを「内相」と呼びます。バゲットであればボコボコした不揃いな気泡、食パンであれば細かくたくさんの気泡が均等にちらばっているのがいいとされています。ボコボコの気泡は口溶けよさ、細やかな気泡はなめらかさにつながります。気泡が膨らみきらず、密着したように見える部分があれば、食感も悪くなります。キラキラ光っていたり、半透明なものは、十分に水和（p.123参照）が進んでいて、口溶けがよさそうです。気泡の膜が薄いものも、溶けやすさにつながります。内相を見るときは、スポンジをイメージしてください。唾液をよく吸い込みそうな気泡のでき方であれば、それは口溶けがいいはずです。

指で触ってみてひんやりしていれば、しっとりしている証拠。モッチリなら国産小麦、ぷるぷるしているものは高加水（p.123参照）かもしれません。

## ●テイスティングの方法

パンを語るとき、「おいしい」「おいしくない」という○
×式で終わってしまうと、あまり楽しくない気がします。
パンにはそれぞれ個性があります。それを知り、記録し、
誰かに伝えたり、話し合いながらパンを味わうと、ただ
食べるだけよりももっと楽しくなります。その手がかり
になる方法をお伝えしたいと思います。

### テイスティングにおける8つのステップ

食べるという行為を8つのステップに分けたものです。
この一つひとつで感じたことを表現し、それらを合わせ
れば、パンの全体を表現したことになるでしょう。最初
は言葉にならないかもしれません。間違えたことをいっ
てしまうのではないかという恐れがそうさせるのです。
でも、思ったことをそのまま口にした素直な表現こそが、
パンの特徴をいい当てていることは多いです。ときには
パンについて表現しているとは思えないような、とんで
もないワードが出てくるかもしれません。そんなときは
新しいパンの風味を大発見しているのだと思います。
ステップごとの説明と共に、言葉の例も記しました。ぜ
ひ、参考にしてください。

### 1 外観　見る

まず見ることからはじめます。最初は外観です。パンは
顔つきだけでも多くのことを語っています。p.125「おい
しいパンの見分け方」1、3、4を参照してください。

- ・色が黒い／白っぽい／赤っぽい
- ・ブラウン／ゴールデンブラウン／ダークブラウン
- ・しっかり焼けている
- ・クープが立っている
- ・やわらかそう／かたそう
- ・ザラザラしている／なめらか
- ・光っている／マットである
- ・ボリュームがある／あまりない
- ・梨肌（パンの表面に小さな水ぶくれのような
  ブツブツができること）

### 2 触感　触れる

持ったときの重みや、触ったときの感触、切るときの手
応えも大事な情報です。気づいたことを言葉にしてみま
しょう。

| | |
|---|---|
| ・ずっしり／軽い | ・ひんやり |
| ・ツルツル | ・ぷにゅぷにゅ |
| ・ザラザラ | ・モッチリ |
| ・デコボコ | ・コンコン（音） |

### 3 内相　見る

外観に加え、中身も観察します。特に気泡は「発酵の履
歴」ともいわれます。p.125「おいしいパンの見分け方」
5を参照してください。

| | |
|---|---|
| ・黄色い／白い／茶色い | ・気泡が詰まっている |
| ・色が濃い／薄い | ・気泡がボコボコ |
| ・透明感がある | ・気泡膜が薄い／厚い |
| ・光っている | ・粒々（ふすま）がある |
| ・美しい気泡 | ・のびがいい（縦長の気泡） |
| ・不揃いな気泡 | |

### 4 アロマ　嗅ぐ

パンを嗅いだとき、鼻から入ってくる香りを表現してみま
しょう。アロマは微細な香り成分が飛散して鼻に入っ
てくるときの香りです。7のフレーバー（口の中から鼻
に抜けるときの香り）と区別しましょう。

| | |
|---|---|
| ・香ばしい | ・アーモンドのような |
| ・発酵の香り | ・ヘーゼルナッツのような |
| ・ツーンと | ・オリーヴオイルのような |
| ・旨味 | ・ワインのような |
| ・苦味 | ・コーヒー／ココアのような |
| ・酸っぱい | ・しょうゆ／味噌のような |
| ・フルーティ | ・干しエビのような |
| ・パン酵母（イースト）の香り | ・大豆／きなこのような |
| ・小麦粉と水を合わせたときの | ・ごまのような |
| ・バターのような | |
| ・チーズのような | |

## 5 食感 噛む

いよいよ食べる段階です。食べることのはじまりはまず噛むこと。皮と中身は分けて食べるとわかりやすくなります。皮の場合、特に噛むときの衝撃が歯を振動させ、脳に伝わる骨伝導を意識するとオノマトペに変換しやすいです。また、唇への当たり方、舌触りなども食感に含まれます。

### ●皮

| | |
|---|---|
| ・バリバリ | ・かたい |
| ・パリパリ | ・薄焼きせんべいのような |
| ・ガリガリ | ・ウエハースのような崩壊感 |
| ・カリカリ | |

### ●中身

| | |
|---|---|
| ・詰まった | ・ふんわり |
| ・エアリー | ・モチモチ |
| ・ホロホロ | ・ぷるぷる |
| ・しっとり | ・ほどける |
| ・モッチリ | |

## 6 口溶け 味わう（前）

口の中に入ったパンが舌に当たるとき、味わいが生まれます。と同時に、唾液と混ざり、溶けはじめると、味わいが変化していきます。溶け方もまた、大事な要素です。

### ●味

- ・甘い／辛い／苦い／塩っぱい／酸っぱい
- ・旨味がある
- ・まろみがする
- ・コクがある
- ・ミルキー

### ●溶け方

- ・速い（いい）／遅い（悪い）／じんわり
- ・シュワッと
- ・甘い
- ・チュルチュル
- ・ふんにゃり
- ・トロトロ

## 7 フレーバー 味わう（後）

唾液に溶けた水溶性の香り成分が鼻から抜けるときの香りです。舌で感じる味とは区別されます。口の中で感じている風味の約9割が実はフレーバー（香り）だといわれています。フレーバーが豊かだったり、持続が長いものは、素材である小麦・ライ麦のクオリティが高いといえるでしょう。

| | |
|---|---|
| ・華やか | ・でんぷん感 |
| ・清らか | ・うどんのような |
| ・ミネラリー | ・お米のような |
| ・オイリー | ・チーズのような |
| ・フローラル | ・コーンのような |
| ・スパイシー | |

- ・シリアル（穀物）的
- ・フルーティ（メロン／桃／りんご／バナナ）
- ・ナッツ（ごま／アーモンド／ピーナッツ／ヘーゼルナッツ）
- ・根菜のような（セロリ／大根／れんこん）
- ・お酒のような（ブランデー／ワイン）

## 8 喉ごし・後口 余韻

飲み込むとき、飲み込んだあとにも、味・食感は存在します。喉ごし、飲み込んだあとの後口です。

### ●喉ごし

- ・喉で甘さを感じる
- ・喉をスイスイ通る（喉ごしがいい）

### ●後口

- ・旨味
- ・酸味
- ・甘い
- ・さわやか
- ・スパイシー
- ・余韻が長い
- ・嫌なものが残る

●保存方法

焼き上がった瞬間からパンの劣化ははじまります。基本は早く食べることですが、それができない場合、上手に保存することで、パンの寿命を長くすることが可能です。

**1　常温での保存**
パンが焼き立ての場合、蒸気で皮がやわらかくなるのを防ぐため、紙袋に入れてくれることが多いです（ハード系のパンやクロワッサンなど）。パンが完全に冷めたら、すぐビニール袋に入れて、乾燥を防いでください（このときなるべく空気を抜いておく方がベター）。

**2　冷凍保存**
ジッパーバッグに入れて密封する。空気はなるべく抜いておく（テーブルの縁にパンが入った部分を直角に当て、ジッパーバッグの上部を、テーブルの面に押さえつけるようにして空気を抜くと抜きやすい）。食べやすい大きさにスライスしておけば、電子レンジを使わず、直接温めたり、トーストすることができます。切り込みも同時に入れておく（p.55参照）ことで、素早く中まで熱を入れられます。また、ショップカードに日付を書き、一緒に入れておくと、いつどこで買ったかわからなくなる事態も防げます。

**3　冷凍からの焼き戻し**
裏表に霧吹きでたっぷり水分をかけてから焼き戻します（蛇口からの水にサッとくぐらせてもよい）。常温のときより30秒程度焼き時間を長くしましょう。

●保存するときのお願い

**味見**
はじめて買うパンは、保存する前に、まずなるべく早くひと口でも味わいましょう。パン屋さんのお仕事を一番よい状態で感じることをおすすめします。

**計画**
購入してから翌日までに食べるパンは常温で、それより

もあとに食べるパンは冷凍で保存するのがベター。なので、どのように食べていくか計画を立て、必要な分を冷凍しましょう。
カンパーニュやライ麦パンのような発酵種やライ麦を使用したパンは、5日から長くて1週間は常温保存可能です（p.37参照）。ただし、高温になる夏場は冷蔵庫に入れましょう。

●パンの切り方

曲がったり、つぶれたりしないようにするために、以下のことを心がけてください。

**1**
パンに向かって正対し、パンの上面と側面両方に目が届くようにする。視線や目線がずれると、包丁の向きも曲がってしまいがちです。

**2**
押しつけるのではなく、前後に大きく動かします。包丁は大きく動かせば動かすほど、鋭く切れます。押しつけると、切れないばかりか、パンがつぶれます。

・すぐに食べたり、すぐに冷凍する場合は、パン屋さんに電動スライサーで切ってもらうのもひとつの方法（すべての店でやってもらえるわけではないので注意）。
・ハード系パン、特にカンパーニュのように皮が厚く、大きなパンの場合は、波刃のブレッドナイフが活躍します。食パンなら、家庭用の一般的な包丁で十分に切れます。
・食パンのサンドイッチを作るときなど、切れ味が要求される場合には、ガスコンロやお湯などで刃を温めると、よく切れるようになります。

## パンのための食材別レシピ集

p.115までに載せたレシピを含め、
定番から応用までパンに合うレシピを
食材ごとに紹介しています。

## 本文・巻末のレシピを使う際の補足事項

●「塩」は海水塩（湿り気のある塩）を使用しています。　●「こしょう」は挽いた黒こしょうのことです。できれば挽き立てを使いましょう。　●「植物油」は、香りにクセのない単一植物の油（菜種油など）、もしくはサラダ油を使ってください。　●「オリーヴオイル」はエクストラヴァージン（一番搾り）を使ってください。　●「バター」とだけ書かれている場合は、「有塩バター」を使ってください。　●具材（主に野菜）には、目安としてのg数を明記していますが、20～30g前後の誤差なら大丈夫です。　●缶詰や水煮のものを使用する場合、分量がg表記されているものは、汁などを除いた固形量になります。　●レシピの分量は基本、作りやすい分量になっています。レシピによっては具体的なでき上がりの目安を入れています。　●「作り方」で野菜の下ごしらえは、一部を除き表記を省略しています。野菜（きのこ類は除く）はよく洗い、残った水分はキッチンペーパーできれいにふきとってから使用しましょう。　●電子レンジは500Wのものを使用しています。600Wを使用する場合は、「500÷600×記載の加熱時間」の答えを時間に直すと、600Wの加熱時間が出ます（例えば、500Wの電子レンジで3分加熱するものは、500÷600×3＝2.5となるので、600Wの場合は2分30秒になります）。　●フードプロセッサーがない場合は、ミキサー、ハンドブレンダーなどお手持ちの機械で代用してください。機械類がない場合は、すり鉢ですか、包丁でたたくようにみじん切りにしてください。　●調理器具（フライパンや鍋）がフッ素樹脂加工の場合は、油を少量引いてから火（強火厳禁）にかけます。鉄やステンレスの場合は、中火～強火でしっかり熱してから油を入れ、油が熱くなってから具材を入れます。このように使う調理器具によって火の強さや油を引くタイミングが異なりますので、本書では「中火でオリーヴオイルを熱した鍋に」という書き方をしています。　●ヴィネグレットソース（ドレッシング）などを作るときに「小さい泡立て器」を使うように指示していますが、なければ小さめのフォークで代用してください。　●ホールスパイス（種や粒状のもの）は乳鉢などで軽くつぶしてから使いましょう。ない場合は、すり鉢ですか、包丁で可能な範囲でみじん切りにしてください。　●材料にレモンの皮が度々出てきます。レモンの皮は国産がよいので、出回る寒い時期に、皮だけをジッパーバッグに入れ、冷凍しておくとよいでしょう。すりおろしの場合は凍ったままの皮をおろし、せん切りの場合は、自然解凍させてから、白い部分を除いてせん切りにします。　●材料にフレッシュなハーブが度々出てきます。使いきれなかった場合は、洗って水気をしっかりとり、ジッパーバッグに入れて冷凍しておきましょう。フレッシュなものよりも香りが劣りますが、色は残ります。乾燥させるよりも冷凍がおすすめです。ただしバジルだけは、洗って水気をしっかりとったあと、浸るくらいのオリーヴオイルにつけておく方法がおすすめです。料理にも使いやすく、バジルの風味を最後まで味わえます。


## 食材別レシピ集の使い方

### インデックスついて

●お手元にある食材をp.129～131のインデックスに照らし合わせ、パンに合う料理やサンドイッチを作ってみましょう。　●食材名、レシピ名の横に明記されている（p.000）は、解説やレシピ、食べ方が掲載されているページ数です。p.132以降、食材名、レシピ名の横に明記されている（p.000参照）は、「食材別レシピ集」に掲載されているページ数です。　●p.6～115のレシピは基本、主材料のところに入れています。例外として、サラダのみ葉野菜と主材料の2カ所に入っています。

### コメントについて

●各素材には「合うパン」、「おすすめの食べ方」を紹介していますが、ほんの一例に過ぎません。基本的にパンはどんな具材や料理が来ても、受け入れてくれるものです。お好きなパン、身近にあるパンを、恐れず合わせてみてください。もちろん、素材と素材を自由に組み合わせるのもOKです。ぜひ、あなただけの食べ方を発見・発明してください。　●「合うパン」は　特に合うパンがある場合にのみ、合う順に明記しています。　●「おすすめの食べ方」は繰り返しを避け、簡潔に書いています。不明な点は次をお読みください。・パンに切り込みを入れる、切る必要がある場合は、使用するパンの章の「切り方」を参照してください。・パンには必ずバターを塗るかオリーヴオイルをかけてから（クリームチーズを塗る場合は、なしでも可）、具材をはさんだり、のせたりしてください。・具材の「スライストマト」などは　厚さ5mmのスライスです。例外的に、きゅうりは厚さ2mm（できればスライサーを使用）、玉ねぎは厚さ3mmにスライスしてください。・こしょうも省略していますので、お好みでふってください。

# 卵

卵はLサイズを使っています。

## ゆで卵［半生／半熟／かた］
→ p.8／p.16／p.19／p.73／p.96／p.103

【材料】

卵 … 1個

【作り方】

❶ 鍋に水2cmを入れ、ふたをして弱めの中火にかけ、沸騰させる。

❷ 卵を冷蔵庫から出し、流水をかけて❶に入れ、ふたをして4分ゆでる。ときどき鍋をゆすって黄身が真ん中に来るようにする。

❸ 火を止め、ふたをしたまま（半生2〜3分30秒／半熟4〜6分／かた13分）蒸らす。

❹ 流水を当てて冷やしながら殻をむく。

## 卵サラダ
→ p.67／p.108〜p.110／p.111

【材料】

かたゆで卵（上記参照）… 1個

マヨネーズ … 大さじ1+1/2（15g）

牛乳 … 小さじ1/2

こしょう … 少々

【作り方】

❶ かたゆで卵（上記参照）を作り、冷めてからみじん切りにする。

❷ 小さいボウルに残りの材料を入れ、よく混ぜる。

❸ ❷に❶を加え、和える。

## 温泉卵
→ p.12／p.86／p.89

【材料】

卵 … 1個

水 … 150ml

酢（米酢など）… 小さじ1/2

【作り方】

❶ 小さい耐熱容器に水と酢を入れ、軽くかき混ぜる。

❷ 電子レンジ（500W）で2分30秒、沸騰するまで加熱する。

❸ ❷に卵を割り入れ、卵黄につま楊枝で穴を1カ所あける。

❹ ❸を電子レンジ（500W）で40〜50秒、卵白が白っぽくなるまで加熱する。

❺ ❹のお湯を切り、キッチンペーパーを敷いたザルに上げる。キッチンペーパーで絞るように包んで形を整える。

## 目玉焼き
→ p.47／p.84／p.110

【材料】

卵 … 1個

植物油 … 大さじ1

塩、こしょう … 各少々

【作り方】

❶ 中火で油を熱したフライパンに卵を割り入れる。殻を使って黄身が白身の真ん中に来るようにする。

❷ ❶にふたをし、好みのかたさになるまで加熱する。

❸ 塩、こしょうで調味する。

＊作り方❶で卵の上にセミハードまたはハードタイプのチーズをおろし、一緒に焼いてもよい。

## フレーバーオイルの目玉焼き
→ p.84

【材料】

卵 … 1個

オリーヴオイル … 大さじ1

塩 … 少々

【作り方】

❶ フライパンにオリーヴオイル、フレーバーのもとになる材料を入れて弱火にかけ、油に香りを移す。

❷ ❶に卵を割り入れ、殻を使って黄身が白身の真ん中に来るようにする。

❸ ❷にふたをし、好みのかたさになるまで加熱する。

❹ 塩で調味する。

フレーバーの材料（オリーヴオイル大さじ1に対しての分量）

・ペペロンチーノ風味（p.32）
　にんにく（薄切り）… 3枚、唐辛子（輪切り）… 3個

・ナッツ風味
　アーモンドやヘーゼルナッツなど … 10g

・クミン風味（p.14）
　クミン（シード）… 小さじ1/8

＊フレーバーのもとになる材料がスパイスの場合は、軽くつぶして香りを出す。ナッツの場合は好みの粗さに刻む。

## スクランブルエッグ／プレーンオムレツ
→ p.43／p.46

【材料】

卵 … 1個

生クリーム（または牛乳）… 大さじ1

バター … 5g

塩 … 小さじ1/10

こしょう … 少々

【作り方】

❶ ボウルに卵を割り入れ、お箸でしっかり溶きほぐす。

❷ 生クリームと塩を加え、よく混ぜる。

❸ フライパンを中火にかけ、バターを入れる。フライパンを前後左右に傾けながら、溶けたバターがフライパンに行きわたるようにする。

❹③に②を流し入れる。卵の縁がかたまってきたら、お箸で空気を含ませるようにかき混ぜながら、全体がとろりとした状態になるまで加熱する。

❺（スクランブルエッグの場合）火から下ろし、こしょうをふる。
（プレーンオムレツの場合）3つ折りにし、両面に軽く焼き色をつけ、こしょうをふる。

## マッシュルームのオムレツ

【材料】
卵 … 1個
生クリーム（または牛乳）… 大さじ1
バター … 10g
マッシュルーム … 3個
塩 … 小さじ1/10
こしょう … 少々

【作り方】
❶ マッシュルームは厚さ5mmに切る。
❷ プレーンオムレツ（p.132参照）の作り方①、②と同様に作る。
❸ フライパンを中火にかけ、バター半量を入れる。フライパンを前後左右に傾けながら、溶けたバターがフライパンに行きわたるようにする。
❹ ③に①を加え、しんなりするまで炒める。
❺ ④に残りのバターを加え、溶けたところに②を流し入れる。
❻ プレーンオムレツの作り方④と同様に作る。
❼ ⑥を3つ折りにし、両面に軽く焼き色をつけ、こしょうをふる。

**合うパン**
クロワッサン／リュスティック／イングリッシュマフィン

**おすすめの食べ方**
・イタリアンパセリ（なければ好みの葉野菜）と一緒にはさむ。

## ケイパーのオムレツ

【材料】
卵 … 1個
牛乳 … 大さじ1/2
パルメザンチーズ（粉）… 10g
ケイパー … 15〜20粒
こしょう … 少々
オリーヴオイル … 大さじ1

【作り方】
❶ ボウルに卵を割り入れ、お箸でしっかり溶きほぐす。
❷ ケイパーは半分に切る。
❸ ①に②、牛乳、チーズを加え、よく混ぜる。
❹ 中火でオリーヴオイルを熱したフライパンに③を流し入れる。
❺ プレーンオムレツ（p.132参照）の作り方④、⑤と同様に作る。

**合うパン**
チャバタ／フォカッチャ／イングリッシュマフィン

**おすすめの食べ方**
・生ハム（またはモルタデッラ／p.135参照）、ルッコラと一緒にはさむ。

## クルトンのオムレツ
→ p.8

【材料】（1人分）
卵 … 2個
生クリーム（または牛乳）… 大さじ2
コンテチーズ（細くおろしたもの／またはシュレッドチーズ）… 30g
にんにく … 1/2片（2.5g）
バジル（生・葉／またはパセリ）… 適量
塩、こしょう … 各少々
オリーヴオイル … 大さじ2
バゲット（厚さ1.5cm）… 2〜3切

【作り方】
❶ パンの両面ににんにくをこすりつけ、1.5cm角に切る。バジルはみじん切りにする。
❷ ボウルに卵を割り入れ、お箸でしっかり溶きほぐす。
❸ ②に生クリーム、チーズ、塩、こしょうを加え、よく混ぜる。
❹ フライパンを中火にかけ、オリーヴオイル大さじ1と①のパンを加え、炒める。カリカリになったらバットに移す。
❺ フライパンに残りのオリーヴオイルを加え、オリーヴオイルが熱くなったところに③を流し入れ、④と①のバジルをちらす。
❻ お箸で空気を含ませるようにかき混ぜながら、好みのかたさになるまで加熱する。

## ぷるぷる厚焼き卵
→ p.58

【材料】
卵 … 3個
牛乳 … 50ml
塩 … 小さじ1/5
砂糖 … 小さじ1
マヨネーズ … 大さじ1

【作り方】
❶ ボウルに牛乳、塩、砂糖を入れ、電子レンジ（500W）で30秒加熱し、よく混ぜる。
❷ 別のボウルに卵を割り入れ、お箸でしっかり溶きほぐす。
❸ 粗熱がとれた①に②を漉しながら加え、マヨネーズも加えてよく混ぜる。
❹ 底面がパンの大きさ（少し小さくてもよい）、高さが5cm以上の耐熱容器に③を流し入れ、ラップを軽くかける。
❺ ④を電子レンジ（500W）で1分30秒加熱し、お箸でよくかき混ぜる。
❻ ⑤にラップを軽くかけ、電子レンジ（500W）で30秒加熱し、お箸でよくかき混ぜる。
❼ ⑥にラップを軽くかけ、電子レンジ（500W）で20秒加熱する。

## ワンパントースト
→ p.62

【材料】
卵 … 1個
バター … 10g
シュレッドチーズ … 15〜20g
ジャム（いちご）… 20g
食パン（8枚切り）… 1枚

【作り方】
❶ パンを垂直に2等分にする。
❷ ボウルに卵を割り入れ、お箸でしっかり溶きほぐす。
❸ フライパンを中火にかけ、バター半量を入れて溶かす。
❹ ③に②を流し入れ、丸く広げ、中央に①を置く。パンの両面に卵液がつくようにパンだけをすぐにひっくり返す。
❺ ④を卵ごとひっくり返しながら、残りのバターを加える。はみ出た卵はパンのサイズに収まるように内側に折る。
❻ ⑤の半分にチーズを、半分にジャムをのせて、折りたたむ。
❼ ⑥をひっくり返しながら、チーズが溶けるまで焼く。
＊ジャムのかわりにハムでもよい。

## 食肉加工品 p.31／p.32／p.49／p.108〜p.110

### ハム p.43／p.46／p.84／p.103／p.110
日本ではロースハムが主流ですが、ヨーロッパではボンレスハム（＝豚のもも肉で作るハム）が一般的。本書では、肉らしい食感や風味があるボンレスハムを使うことをおすすめしています（イングリッシュマフィンとp.62は例外的にロースハムを使用）。
その他、牛肉を使ったコクのある味わいの「パストラミ」や、七面鳥を使った淡泊な味わいの「ターキーハム」など、豚肉以外の肉で作られたハムもサンドイッチにはよく使われます。

**合うパン**
パストラミはライ麦パン／ごまつきのパン、ターキーハムは白系のパン

## ボンレスハムのマリネ
→ p.9

【材料】
ボンレスハム … 2枚（40g）
白ワイン（あれば辛口）… 適量
こしょう … 少々

【作り方】
❶ 密閉容器にハムを入れ（重なってもよい）、ハムがかぶるまで白ワインを注ぎ、こしょうをふる。
❷ ①を冷蔵庫に入れ、最低10分置く。使うときは、白ワインをキッチンペーパーで軽くとる。

**おすすめの食べ方**
・ハムを使うサンドイッチなら何でも使える。

## サラダチキン
2000年に入って日本で考案された鶏肉加工品です。サンドイッチには、鶏肉の形が残っているプレーン（塩味）がおすすめ。淡泊なわりに、ハムくらいの塩分があるので、ハムの代用品としても使えます。

**合うパン**
白系のパン

**おすすめの食べ方**
・サラダチキンをさいの目に切って粒マスタードで和え、レタスと一緒にはさむ。
・サラダチキンを薄く切ってこしょうをふり、スライスオニオン、スライスピーマン、マヨネーズと一緒にはさむ。

### 生ハム p.16／p.22／p.32／p.81／p.109／p.110
日本で入手しやすい外国産の生ハムは、スペインの「ハモンセラーノ」や「ハモンイベリコ（イベリコ豚を使ったハモンセラーノよりも濃厚な生ハム）」、イタリアの「プロシュート」や「コッパ」などでしょうか。
ハモンセラーノとプロシュートは製法に若干違いがあり、前者は肉の濃厚なコクや旨味、塩味がより感じられ、後者はしっとりとしたソフトな食感で塩味も適度です。
「イタリアのパンにはイタリアの生ハムを」というのはいわずもがなですが、下記を参考にしてパンを選んでもよいでしょう。また、生ハムは軽く火を通すと、違った味わいになります。

**すべてに合うパン**
バゲット／リュスティック／パン・ド・ロデヴ

**ハモンセラーノ・ハモンイベリコ・コッパに合うパン**
ライ麦パン／カンパーニュ

**プロシュート・国産生ハムに合うパン**
食パン／ベーグル

### サラミ／ドライソーセージ p.32／p.111
サンドイッチ用にはミラノサラミ（直径約10cm）など、面積の広いものを使いましょう。直径4cm前後の細いサラミはピザトースト（p.58参照）やオープンサンドイッチ向きです。チョリソー（p.32参照）は辛味のあるソーセージですが、本書ではサラミタイプを使用しています。

**おすすめの食べ方**
・チャバタまたはリュスティックの内側にオリーヴオイルをまわしかけ、野菜のロースト（p.148参照）、薄く削ったパルミジャーノ・レッジャーノと一緒にはさむ。

### ソーセージ p.66／p.94
JAS（日本農林規格）では下記のように定められていますが、スモークの有無や肉の挽き方など製法の違いで様々なタイプがあります。

| | ウインナー<br>ソーセージ<br>p.49、p.71 | フランクフルト<br>ソーセージ<br>p.98 | ボロニア<br>ソーセージ<br>p.99 |
|---|---|---|---|
| 歴史 | 羊の腸に<br>詰めていた | 豚の腸に<br>詰めていた | 牛の腸に<br>詰めていた |
| 太さ | 20mm未満 | 20mm以上<br>36mm未満 | 36mm以上 |
| 種類 | | | モルタデッラ<br>(伊／p.80、p.81)<br>ビアシンケン<br>(独) |

ウインナーとフランクフルトは加熱してから使います。「ゆでる→
焼く」がおすすめです。穴をあけるか切り目を入れるかし、80℃
くらいのお湯で数分ゆでてから、少量の油で表面に焼き色がつく
まで焼きましょう。

## ベーコン／パンチェッタ

どちらも基本的には、豚のバラ肉を使った加工品です。

ベーコン（p.73、p.85）は国産が主流で、メーカーによって味わ
いが大きく異なります。長方形に整形されたベーコンより、肉の形
を活かしたベーコンの方がおすすめです。

パンチェッタ（p.32、p.37、p.87）は脂に独特の旨味とコクがあ
り、ベーコンのかわりに使うとより深みのある味に仕上がります。
できるだけイタリア産を使いましょう。

## カリカリベーコン
→ p.89／p.110／p.111

【材料】
ベーコン … 適量
植物油 … 少々

【作り方】
❶ベーコンは半分に切り、油を中火で熱したフライパンでカリカ
リになるまで焼く。

## 時短カリカリベーコン

【材料】
ベーコン … 適量

【作り方】
❶ベーコンは半分に切る。
❷キッチンペーパーを敷いた耐熱皿に①を並べ、もう1枚のキッ
チンペーパーをのせる。
❸②を電子レンジ（500W）で、様子を見ながら30秒ずつ加熱する。
＊1cm角のベーコンの場合も同様に加熱する。

## メープルベーコン／ハニーベーコン
→ p.47／p.85／p.109／p.113

【材料】
カリカリベーコン … 適量

メープルシロップ（またははちみつ）… 適量

【作り方】
❶お皿にメープルシロップを注ぎ、カリカリベーコン（上記参照）
の片面または両面を浸す。

## コンビーフ p.14

日本ではほぐした牛肉の缶詰が一般的ですが、欧米では「コーンド
ビーフ」といい「塩漬けした牛肉」のことを指すとか。サンドイッ
チに使うときには、耐熱ボウルに入れてラップをし、電子レンジ
（500W）で加熱（25gの場合、10〜20秒前後）、よくほぐしてから
使いましょう。

### おすすめの食べ方

・ライ麦パン（軽め）にザワークラウト（p.145参照）と一緒にはさむ。

## スパム

ソーセージの材料を型に詰めたものを「ランチョンミート」といい、
中でも「スパム」は代表的な商品です。厚さ5〜8mmに切り、少量
の油で表面に焦げ目がつくまで焼いてから使いましょう。

### おすすめの食べ方

・キャベツのせん切り、マヨネーズと一緒にはさむ。
・カツオだし卵（卵2個、大大さじ2で和風顆粒だし1/4袋をよく
溶いて、卵と一緒に攪拌し、卵焼きを作る）、レタス、オーロラソー
ス（マヨネーズ：ケチャップ＝1:1）と一緒にはさむ。

# 牛肉

## 牛肉のレモングラス風味
→ p.13

【材料】（クーペ4個分の分量）
薄切り牛肉 … 150g
玉ねぎ … 1/2個（125g）
漬けだれ
　にんにく … 1/2片（2.5g）
　レモングラス（ドライ・葉）… 10本
　水 … 小さじ2
　砂糖 … 小さじ2
　重曹 … 小さじ1/3
　オイスターソース … 大さじ1
　ニョクマム … 大さじ1
　はちみつ … 小さじ1
　こしょう … 小さじ1/4
植物油 … 大さじ1/2

【作り方】
❶漬けだれを作る。にんにくはすりおろし、レモングラスははさ
みでできるだけ細かく切る。
❷ボウルに水、砂糖、重曹を入れ、小さい泡立て器でかき混ぜな
がら、砂糖をよく溶かす。

③ ②に①、残りの材料を加え、よく混ぜる。

④ ③に牛肉を入れ、よくもむ。ラップをかけ、冷蔵庫に最低1時間入れる。

⑤ 玉ねぎは薄切りにし、牛肉は余分な漬けだれ（とっておく）を落とす。

⑥ 中火で油を熱したフライパンに、⑤の玉ねぎを入れ、透き通るまで炒める。

⑦ ⑥に⑤の牛肉を加え、1～2分炒める。

⑧ ⑦に⑤の漬けだれを加え、軽く煮詰める。

### 即席ローストビーフ
→ p.60

【材料】

薄切り牛モモ肉 … 250～300g

塩 … 小さじ1/4

こしょう … 適量

オリーヴオイル … 大さじ1

【作り方】

❶ ボウルに牛肉を入れ、全体に塩、こしょうをふって手で軽くもむ。

❷ 広げたラップの上に①を層状に重ね、厚さ3～4cmの肉のかたまりを作る。全体にこしょうをふる。

❸ ②をラップで覆い、冷蔵庫に最低10分入れる。

❹ 中火でオリーヴオイルを熱したフライパンに③を入れ、上下2面を2分ずつ、側面4カ所を1分ずつ、全体に焼き色がつくまで焼く。

❺ ④をアルミホイル、キッチンクロスの順で包み、室温に15分置く。

### 自家製ソルトビーフ
→ p.112

【材料】（ベーグル2個分の分量）

牛肩ロース肉ブロック … 300g

玉ねぎ … 1/2個

塩 … 10g

ローリエ … 2枚

こしょう（黒・ホール）… 10粒

【作り方】

❶ 牛肉の全体に塩をすり込み、ジッパーバッグに入れる。冷蔵庫に入れ、最低ひと晩置く。

❷ 鍋に①を入れ、牛肉がかぶるくらいの水（分量外）、4等分にした玉ねぎ、ローリエ、軽くつぶして香りを出したこしょうを加え、ふたをして強火にかける。

❸ ②が沸騰したらあくをとり、再びふたをし、弱火で1時間～1時間30分煮込む。

❹ 肉がホロホロとやわらかくなったら鍋からとり出し、バットにのせ、室温で冷ます。

**おすすめの食べ方**

・トーストした食パンにレタスマスタード（p.142参照）と一緒にはさむ。

## 鶏肉 p.30

### 蒸し鶏／鶏のロースト／鶏のソテー
→ p.110

【材料】

鶏もも肉 … 1枚（300g）

塩 … 小さじ1/4

白ワイン（または日本酒）… 大さじ1

オリーヴオイル（または植物油）… 大さじ1

にんにく（すりおろし）… 1片（5g）

【作り方】

❶ 鶏肉は流水でよく洗い、キッチンペーパーで水気をしっかりとる。フォークで皮に数カ所穴をあける。

❷ 耐熱ボウルに①、残りの材料を入れ、よくもむ。

❸ ②にラップをかけ、冷蔵庫に最低15分入れる。

❹（蒸し鶏）ラップをかけたまま、電子レンジ（500W）で約2分加熱し、裏返して約2分加熱する。

（鶏のロースト）ボウルから出し、220℃に温めたオーブンで、皮を上にして40分前後焼く。表面が焦げそうになったら、アルミホイルをかぶせる。

（鶏のソテー）中火でオリーヴオイル大さじ1（分量外）を熱したフライパンに皮を下にして入れ、皮に焼き色がつくまで焼く。ひっくり返し、弱火にしてふたをし、中心に火が通るまで焼く。

**蒸し鶏に合うパン**

バゲット／食パン（全粒粉・ごま入り）／ベーグル（ホールウィート・セサミ）

**蒸し鶏におすすめの食べ方**

・バインミー用キャロット・ラペ（p.146参照）、コリアンダー（生）と一緒にはさむ。

・パンにピーナッツマヨネーズ（p.153参照）を塗り、レタスと一緒にはさむ。

**鶏のロースト／ソテーにおすすめの食べ方**

・鶏にローズマリーマヨネーズ（p.153参照）を塗り、好みの葉野菜と一緒にはさむ。

・パンにマスタード＆ペッパーバター（p.156参照）を塗り、フライパンで焼いてハーブソルトをかけたスライストマトと一緒にはさむ。

### 鶏ハム

【材料】

鶏むね肉 … 1枚（300g）

砂糖 … 大さじ1

塩 … 小さじ1

こしょう … 適量

ローリエ … 2枚

【作り方】

❶ ジッパーバッグに鶏肉を入れ、両面に砂糖、塩をふってジッパーを閉じ、よくもむ。

**❷** ①を冷蔵庫に入れ、最低ひと晩置く。

**❸** ②を流水でよく洗い、キッチンペーパーで水気をしっかりとる。

**❹** ③の中央に切り込みを入れ、鶏肉が均一に平たくなるように左右に切り開く（観音開き）。

**❺** 30×30cm角のラップの上に④を皮を下にして置き、全体にこしょうをふる。

**❻** ⑤の鶏肉だけを手前からきつめに巻き、ラップで包んで両端をたこ糸でしばる。

**❼** 鍋にたっぷりのお湯を沸かし、⑥とローリエを入れ、中火で20分ゆでる。

**❽** 火をとめ、そのまま10分放置する。

＊温かいままでも、冷やしてもおいしい。
冷やす場合は、粗熱がとれてから、ラップをかけたまま冷蔵庫に入れる。

**おすすめの食べ方**
・鶏ハム（厚さ5mmにスライス）に辛子マスタード（p.153参照）を塗り、スライスオニオンと一緒にはさむ。
・鶏ハム（厚さ5mmにスライス）にごまマヨネーズ（p.153参照）を塗り、好みの葉野菜と一緒にはさむ。

## シャルキュトゥリ　p.30／p.32／p.49

このカテゴリーでは、主に自家製のものをご紹介。砂肝のコンフィ以外は、おすすめの食べ方、合うパンは共通しているので下記にまとめました。市販のシャルキュトゥリも同じ食べ方です。

**おすすめの食べ方**
・パンと一緒にサーヴし、パンに塗って味わう。
・パンにバター、ディジョンマスタード（あれば）の順に塗り、コルニッション（p.148参照）と一緒にはさむ、またはオープンサンドイッチにする。

### パテ・ド・カンパーニュ
→ p.32／p.49

【材料】（18×8×高さ6cmのパウンド型1個分）
豚ひき肉 … 500g
鶏レバー … 80g
パンチェッタ … 80g
卵 … 1個
にんにく（すりおろし）… 1片（5g）
塩 … 小さじ1
洋酒（ブランデー、ウイスキーなど）… 大さじ1
こしょう（黒・ホール）… 15粒
ローリエ … 2枚

【作り方】
**❶** レバーは脂肪、すじ、血のかたまりを除き、流水でよく洗い（匂いが気になる場合は牛乳／分量外にしばらく浸す）、キッチンペーパーで水気をしっかりとる。

**❷** ①とパンチェッタをみじん切りにする。

**❸** ボウルにひき肉、②、塩を入れ、ねばりが出るまで手でよくこねる。

**❹** ③に卵、洋酒を加え、卵が肉になじむまでよく混ぜる。

**❺** ④に軽くつぶして香りを出したこしょうを加え、軽く混ぜる。

**❻** 型の内側にバター（分量外）を塗り、⑤をゴムべらですき間なく詰める。表面を平らにし、半分に折ったローリエをのせる。

**❼** ⑥の上面をアルミホイルで覆い、つま楊枝で全体に空気穴をあける。

**❽** お湯を張った天板に⑦をのせ、180℃に温めたオーブンで約50分焼く。

**❾** ⑧のアルミホイルを外し、表面に焼き色がつくまでさらに10〜20分焼く。

### 豚のリエット
→ p.32／p.33

【材料】
豚バラ肉ブロック … 300g
玉ねぎ … 1/2個（125g）
にんにく … 4片（20g）
タイム（生／あれば）… 2枝
オリーヴオイル … 大さじ1
白ワイン … 50ml
水 … 200ml
塩 … 小さじ3/4
ローリエ … 2枚
こしょう（黒・ホール）… 5粒

【作り方】
**❶** 豚肉はひと口大に切る。玉ねぎは粗く刻み、にんにくは半分に切ってつぶす。

**❷** 鍋にオリーヴオイル、①のにんにくを入れて中火にかけ、にんにくにうっすらと色がつくまで加熱する。

**❸** ②に①の豚肉を、脂身を下にして加え、焼き色がつくまで炒める。にんにくはきつね色になったらとり出しておく。

**❹** ③に①の玉ねぎを加え、玉ねぎが透き通るまで炒める。

**❺** ④に白ワインを加え、アルコールを飛ばすように炒める。

**❻** ⑤に水、塩、半分に折ったローリエ、枝ごとのタイム、軽くつぶして香りを出したこしょう、③のにんにくを加え、ふたをして強火にかける。

**❼** ⑥が沸騰したらあくをとり、再びふたをし、弱火で約1時間煮込む。途中、水分がなくなったら水（分量外）少量を足す。

**❽** 肉がホロホロとやわらかくなったら火から下ろし、ハーブ類をとり除く。

**❾** ⑧をハンドブレンダーで撹拌して細かくする。味を見て、足りなければ塩（分量外）で調える。

**❿** ⑨を再び中火にかけ、にごった豚の脂が透き通るまで煮込む。脂だけすくいとり、別のボウルに移す（2〜3分煮込んでも脂が出てこない場合は火から下ろす）。

**⓫** ⑩の肉の部分を煮沸消毒した保存ビンに詰め、⑩の脂を注ぎ、ふたを閉める。

## 簡単レバーペースト

→ p.32／p.94

【材料】（約150ml）

鶏レバー（心臓／ハツは使わない）… 100g

牛乳 … 100ml

バター … 70g

塩 … 小さじ1/2

植物油 … 大さじ1

洋酒（ブランデー、ウイスキーなど）… 大さじ1

こしょう … 少々

【作り方】

❶ レバーは脂肪、すじ、血のかたまりを除き、流水でよく洗う。

❷ ボウルに牛乳、塩を入れ、手でよくかき混ぜ、①を最低15分浸す。

❸ バターを1cm角に切る。

❹ ②をザルに上げ、キッチンペーパーで水気をしっかりとる。

❺ 中火で油を熱したフライパンに④を入れ、片面に焼き色がつくまで焼く。

❻ ⑤をひっくり返し、洋酒をまわし入れて火をとめ、そのまま5〜10分放置する。一番大きいレバーを切ってみて、中まで火が通っていればよい。

❼ ⑥の粗熱がとれたらフードプロセッサーに入れ、③のバター、こしょうも加え、ペースト状になるまで撹拌する。

❽ 味を見て、塩（分量外）で調える。

❾ ⑧を容器に詰めてラップをかけ、バターが固まるまで冷蔵庫に入れる。

＊焼き鳥のレバーをつぶしただけで、レバーペーストもどきが作れる（ツオップの伊原店長直伝）。焼き鳥のレバーはたれ焼きでも塩焼きでも可。たれ焼きの場合は、たれを洗い落とし、キッチンペーパーで水気をとってからつぶすこと。

合うパン

カンパーニュ／ライ麦パン／バゲット／リュスティック／パン・ド・ロデヴ

おすすめの食べ方

・バゲットに簡単レバーペーストを塗り、ボンレスハム、バインミー用キャロット・ラペ（p.146参照）、スライスきゅうり、コリアンダー（生）と一緒にはさむ。

## 砂肝のコンフィ

→ p.16

【材料】

砂肝（スライス）… 100g

にんにく（すりおろし）… 1片（5g）

タイム（生／あれば）… 1枝

オリーヴオイル … 大さじ1

塩、こしょう … 各少々

【作り方】

❶ 砂肝は流水でよく洗い、キッチンペーパーで水気をしっかりとる。

❷ 二重にしたビニール袋に①、塩、こしょうを入れ、よくもむ。

❸ ②ににんにく、タイムの葉、オリーヴオイルを加え、さらによ

くもむ。口をしっかりしばる。

❹ 保温性のある容器（魔法瓶や炊飯器の保温機能など）に、③と熱湯を入れ、ふたをして2時間置いておく。

合うパン

カンパーニュ／ライ麦パン

# 魚・水産加工品

## ［魚介類］

### サバ

**自家製燻製サバ**

【材料】

塩サバ … 4切（3枚おろしの半身）

紅茶（出がらし）… 50g

砂糖（あればザラメ糖）… 大さじ1

【作り方】

❶ 中華鍋にアルミホイルを敷き、底に紅茶を広げて砂糖をかけ（紅茶からはみ出ないように、全体にまんべんなくかける）、丸い焼き網をのせる。

❷ ふたの裏側にもアルミホイルをつけ、①にかぶせ、強火にかける。

❸ ②から煙が出はじめたら、網に皮を下にしてサバを並べる。ふたをし、弱火にして片面4分ずつ加熱する。

❹ 火を止め、ふたをしたまま5分置く。

＊中華鍋は鉄製を使用する。

おすすめの食べ方

・燻製サバにレモン汁、しょうゆをかけ、蒸しレタス（p.142参照）、マヨネーズと一緒にはさむ。

・ほぐした燻製サバをマヨネーズで和え、スライスオニオン（あれば赤玉ねぎ）、好みの葉野菜と一緒にはさむ。

### サーモン／鮭

**ベイクドサーモンサラダ**

→ p.110

【材料】（ベーグル3個分の分量）

ベイクドサーモン

　サーモン（切り身）… 1切（125g）

　植物油 … 大さじ1/2

セロリ（茎）… 30g

ディル（生）… 5枝

レモン汁 … 小さじ1

マヨネーズ … 大さじ2+1/2

ディジョンマスタード … 小さじ1/4

こしょう … 少々

【作り方】

❶ ベイクドサーモンを作る。中火で油を熱したフライパンにサー

モンを入れ、両面を軽く焼く。身をほぐしながら完全に火が通るまで炒める。

❷ ①をキッチンペーパーの上に移し、余分な油をとる。

❸ セロリはすじをとってみじん切りにし、ディル（葉のみ）をみじん切りにする。

❹ ボウルに残りの材料を加え、よく混ぜる。

❺ ④に完全に冷めた②、③を加え、よく和える。

＊切り身のかわりに鮭缶を使ってもよい。
汁をしっかり切り、同様に油で炒めること。

**合うパン**
食パン／ベーグル

**おすすめの食べ方**
・ベーグルにきゅうりのマリネ（p.142参照）と一緒にはさむ。

## スパイシーシュリンプ

【材料】（p.78～79のフォカッチャ2個分の分量）
エビ（無頭・ブラックタイガーなど）… 6尾
にんにく …1片（5g）
唐辛子 …1本
オリーヴオイル … 大さじ2
コリアンダー（パウダー）… 小さじ1/4

【作り方】
❶ エビは殻、尻尾を除いて背わたをとり、きれいに洗う。キッチンペーパーで水気をとり、ひと口大に切る。

❷ にんにくはみじん切りにし、唐辛子は種を除いて輪切りにする。

❸ フライパンにオリーヴオイルと②を入れて中火にかけ、にんにくにうっすらと色がつくまで加熱する。

❹ ③に①、コリアンダーを加え、エビに軽く火が通るまで炒める。

**おすすめの食べ方**
・フォカッチャを水平切りにし、ワカモレ（p.143参照）、スパイシーシュリンプの順にはさむ。

## ［魚卵］p.32／p.49

パンとの相性がよい魚卵は、辛子明太子／タラコ、イクラ／筋子、キャビア、カラスミです。

## 辛子明太子／タラコ

スケトウダラの卵を塩漬けにしたのが、タラコ。唐辛子を加えて塩漬けしたのが、辛子明太子（明太子）です。

## 明太子バター

【材料】
明太子（魚卵のみ）… 30g（1/3本分）
バター（室温に戻す）… 50g
レモン汁 … 小さじ1

【作り方】
❶ ボウルにバターを入れ、ゴムべらでクリーム状になるまで練る。

❷ ①に残りの材料を加え、均一になるまでやさしく混ぜる。

## 明太子サワークリーム
→ p.89

【材料】
明太子（魚卵のみ）… 30g（1/3本分）
サワークリーム … 60g
こしょう … 少々

【作り方】
❶ ボウルにサワークリームを入れ、ゴムべらでなめらかにする。

❷ ①に残りの材料を加え、均一になるまでやさしく混ぜる。

**合うパン**
ライ麦パン（重め）／カンパーニュ／ピタ／クランペット（p.88）

**おすすめの食べ方**
・ライ麦パン（重め）に塗り、長ねぎ（緑と白の中間の薄緑の部分）のみじん切りをのせる。

・薄く切ったライ麦パン（重め）、カンパーニュ、ピタなどのフラットブレッドに添えてディップ的に。

## 明太子フランス

【材料】
明太子（魚卵のみ）… 40g
にんにく（すりおろし）… 1/2片（2.5g）
パセリ（生・葉・みじん切り）… 少々
マヨネーズ … 10～15g
バター … 10～15g
バゲット … 1/2本

【作り方】
❶ ボウルに明太子、マヨネーズ、にんにくを入れ、ゴムべらでよく混ぜる。

❷ パンに縦切り込みを入れ、内側にバターを塗る。

❸ ②に①を詰め、オーブントースターで10分、マヨネーズに焼き色がつくまで焼く。途中、パンが焦げそうになったらアルミホイルをかぶせる。

❹ ③にパセリをちらす。

## ［水産加工品］p.32／p.108／p.109

## ツナ缶

ツナ缶の原料にはマグロ（ビンナガマグロやキハダマグロなど）とやや安価なカツオがあり、油漬けと水煮、フレークやブロックなどの形状、塩分量など、メーカーによって味わいが異なります。本書では油漬けのツナ缶（内容量70g／油を除いて60g）を使用しています。

## ツナサラダ

→ p.43

【材料】

ツナ缶 … 1缶（70g）

マヨネーズ … 大さじ1+1/2（15g）

こしょう … 少々

【作り方】

❶ボウルに油を除いたツナを入れ、ほぐす。

❷①に残りの材料を入れ、よく和える。

合うパン

食パン／ベーグル

おすすめの食べ方

・せん切りにしたセロリと一緒にはさむ。

・自家製ピクルス（p.148参照）と一緒にはさむ。

## カレーツナ

→ p.110

【材料】

ツナ缶 … 1缶（70g）

マヨネーズ … 大さじ3/4

カレー粉 … 小さじ1/4

こしょう … 少々

【作り方】

❶ボウルに油を除いたツナを入れ、ほぐす。

❷①に残りの材料を入れ、よく和える。

合うパン

食パン（全粒粉）／ベーグル（ホールウィート）

おすすめの食べ方

・スライスきゅうり（またはきゅうりのマリネ／p.142参照）と一緒にはさむ。

## レモンローズマリーツナ

【材料】

ツナ缶 … 1缶（70g）

レモンの皮（すりおろし／あれば国産）… 1/2個分

レモン汁 … 小さじ1〜2

ローズマリー（生・葉・みじん切り）… 10本分

マヨネーズ … 大さじ1

【作り方】

❶ボウルに油を除いたツナを入れ、ほぐす。

❷①に残りの材料を入れ、よく和える。

合うパン

フォカッチャ／チャバタ／バゲット／食パン

おすすめの食べ方

・ベビーリーフ、軽くつぶして香りを出したピンクペッパーと一緒にはさむ。

## サバ缶 p.96

## サバペースト

【材料】

サバ缶（水煮）… 30g

スモークサーディン（あれば）… 20g

クリームチーズ … 70g

ライムの搾り汁 … 小さじ2

こしょう … 少々

【作り方】

❶すり鉢にサバとサーディンを入れ、すりこぎなどでペースト状になるまですりつぶす。

❷①に残りの材料を加え、よく混ぜる。

＊ライムはかぼす、すだち、ゆずなど日本の柑橘でもよい。

＊玉ねぎやセロリのみじん切り、
刻んだアーモンドなどのナッツを加えてもよい。

おすすめの食べ方

・大葉と一緒にはさむ。

・薄く切ったライ麦パン、カンパーニュに添えてディップ的に。

## サバ缶のディルマヨネーズ和え

→ p.103

【材料】（クネッケ2枚分の分量）

サバ缶（水煮）… 50g

ディルマヨネーズ

　マヨネーズ … 10g

　ディル（ドライ）… 小さじ1/4

【作り方】

❶ディルマヨネーズを作る。ボウルにすべての材料を入れ、よく混ぜる。

❷①にサバを加え、ほぐしながら和える。

## スモークサーモン

p.32／p.33／p.43／p.49／p.89／p.94／p.110／p.111／p.112

塩漬けしたサーモン（鮭）を燻製したもの。脂の旨味を含んだ濃厚な口当たりと燻製の香りが特徴です。レモン汁やヴィネガーなどの酸味のあるものをかけ、ケイパー、ディル、スライスオニオンなどを添えると風味が引き立ちます。クリームチーズやアボカドとも好相性。

## サーディン（イワシ）

サーディン（イワシ）の加工品の中で、パンとの相性がよいのはオイルサーディンとスモークサーディン（p.32、p.37）でしょう。どちらも油を切ってそのまま使うのもよし、フライパンで焼いてから使ってもよいです。オイルサーディンは様々な味つきのものが

緒にはさむ。

出ていますが、オリーヴオイル漬けなどのプレーンなオイル漬けか、唐辛子入りを使いましょう。

## 缶入りサーディンのアヒージョ
**【材料】**
オイルサーディン（缶詰・プレーン）… 1缶
にんにく … 1片（5g）
レモン（厚さ5mmの輪切り）… 1枚
唐辛子 … 2本
塩、こしょう … 各少々

**【作り方】**
❶ にんにくは薄切りにし、唐辛子は種をとって半分に切る。
❷ サーディンの缶のふたをとり、①をのせ、塩、こしょうをする。
❸ ②の中央にレモンをのせ、缶ごと弱火にかける。油が沸騰した状態を保ちながらサーディンに焼き色がつくまで加熱する。
＊途中、油が音を立ててはじけはじめたら、缶の中身を耐火容器に移して加熱する。

**おすすめの食べ方**
・薄く切ってトーストしたバゲットや食パンに添えて。

## アンチョヴィ（カタクチイワシ）
アンチョヴィ（カタクチイワシ）の加工品の中で、パンとの相性がよいのはアンチョヴィのフィレとアンチョヴィペーストです。どちらもそのまま食べると塩辛く、魚の旨味が強すぎるので、何かに混ぜて使いましょう。

## アンショワイヤード
→ p.32
**【材料】**
アンチョヴィのフィレ … 8本（30g）
にんにく … 1片（5g）
パセリ（生・葉・みじん切り）… 大さじ1
レモン汁 … 小さじ2
オリーヴオイル … 大さじ1
唐辛子（輪切り）… 1/2本

**【作り方】**
❶ アンチョヴィ、にんにくはみじん切りにする。
❷ 小さいフライパンにオリーヴオイル、①を入れて中火にかけ、にんにくがきつね色になるまで加熱する。
❸ ②に残りの材料を加え、よく混ぜながらひと煮立ちさせる。
＊塩味が強いのでパンに塗るなら少量で（カンパーニュ1枚につき小さじ1/2くらい）。

**合うパン**
カンパーニュ／リュスティック／パン・ド・ロデヴ／バゲット

**おすすめの食べ方**
・バゲットに塗り、スライスしたかたゆで卵（p.132参照）、スラ

イストマト、ベビーリーフと一緒にはさむ。
・カンパーニュに塗り、スライストマト、シュレッドチーズの順にのせ、オーブントースターで焼く。

## カニ缶
高級なカニが手軽に味わえるカニ缶。カニ缶の原料には、タラバガニ、ズワイガニ、ワタリガニなどがありますが、パンに合わせるのに種類は問いません。

**おすすめの食べ方**
・カニ玉（卵1個、カニ缶／汁ごと20g、水大さじ1/2、塩小さじ1/10、こしょう少々をよく混ぜ、ごま油小さじ1で焼く）、スイートチリソース、コリアンダー（生）と一緒にはさむ。

# 野菜

## ［主に生で食す野菜］
**葉野菜** p.16／p.36／p.84／p.86／p.110
葉野菜の種類が増えています。中でも、レタスのフリルアイス、グリーンマリーゴールド、モコヴェールなどの水耕栽培の葉野菜は、農薬を使っていないので安心していただけます。歯ざわりもそれぞれに特徴があり、サンドイッチやサラダにぴったりです。
葉野菜にはサンドイッチの定番レタスの他、サラダ菜、サニーレタス、水菜、グリーンリーフ、ロメインレタス、クレソン、ルッコラ、ベビーリーフなどもあります。彩りや食感、味や香りなどを考え、サンドイッチと合わせてみましょう。

**シャキシャキ感とみずみずしさをプラスしたい場合**
レタス、水菜、ロメインレタスなど

**ふわっとしたやわらかい歯ざわりをプラスしたい場合**
サラダ菜、サニーレタス、グリーンリーフなど

**苦味、辛味、香りをプラスしたい場合**
クレソン、ルッコラ、パセリなど

## 葉野菜の下処理
❶ へたや根（葉の接合部）を除いて、バラバラにする。
❷ 流水に当てながら葉を1枚1枚はがす。ベビーリーフなどの葉が小さいものは、あればサラダスピナーのザルか、なければ普通のザルに入れ、流水をまわしかける。
❸ ②をサラダスピナーに入れ、水を切る。ザルの場合は、上下左右にふって水を切る。
❹ ③にラップを軽くかけ、冷蔵庫に入れる。
❺ 使う直前に、キッチンペーパーではさんで水気をしっかりとり、手で適当な大きさにちぎる。
＊葉がしなびている場合は、適当な大きさにちぎり、人肌のお湯（35〜40度）に1分浸す。その後、作り方③の要領で水を切り、ラップを軽くかけて冷蔵庫に入れておく。

## 蒸しレタス

【材料】
レタス … 2枚

【作り方】
❶レタスを2枚のキッチンペーパーではさみ、電子レンジ（500w）で約30秒加熱する。

＊葉野菜をたっぷり食べたいときにおすすめの調理法。
ただし、レタス以外の葉野菜には不向き。

## レタスマスタード
→ p.43

【材料】（クロワッサン1個分の分量）
レタス（p.141参照）… 1枚
粒マスタード … 小さじ3/4
オリーヴオイル … 小さじ1
白ワインヴィネガー … 少々
塩 … 少々

【作り方】
❶小さいボウルにマスタードとオリーヴオイルを入れ、小さい泡立て器でよく混ぜる。
❷レタスは手でひと口大にちぎって①に加え、よく和える。
❸味を見て、ヴィネガーと塩で調える。

## タブーリ（レバノン風パセリサラダ）
→ p.63

【材料】
パセリ（生）… 3枝（60g）
赤玉ねぎ … 1/5個（40g）
ミニトマト … 5〜6個
レモン汁 … 大さじ1
オリーヴオイル … 大さじ1
塩 … 小さじ1/4

【作り方】
❶パセリ（葉のみ）をみじん切りにする。
❷玉ねぎ、トマトは5mm角に切る。
❸小さいボウルに①、②、残りの材料を入れ、よく和える。

＊本来はイタリアンパセリを使うが、普通のパセリでも可。

## スプラウト／アルファルファ p.84／p.110
スプラウトは、穀類、豆類、野菜の種子を人為的に発芽させた新芽のこと。本書で使用しているスプラウトは、かいわれ大根（かいわれ大根もスプラウトの1種）を小さくしたような形で、軸も細く、全体的にやわらかい口当たりです。アルファルファはもやしの仲間で、海外ではサンドイッチやサラダのアクセントとしてよく使われています。みずみずしいシャキッとした食感が特徴です。

| 種類 | 軸の色 | 味 | 合わせるなら |
|---|---|---|---|
| ブロッコリースプラウト | 白 | クセがない | 緑を添えたいとき |
| レッドキャベツスプラウト | 紫 | クセがない | 彩りをよくしたいとき |
| マスタードスプラウト p.111 | 白 | 辛子のような辛味 | 肉料理 ソーセージ ベーコン ツナ缶 サバ缶 |
| クレススプラウト p.43 | 白 | 辛味の強いクレソンのような味わい | 卵料理 ツナ缶 サバ缶 |
| 青じそスプラウト | 白 | 青じそのような味わい | 生魚 ツナ缶 サバ缶 |

## きゅうり p.110
きゅうりはイボを除き、よく洗ってから使いましょう。皮をどれくらい残すかはお好みで。薄切りにする場合は、できればスライサーを使って均等な厚さになるように切ります。

## きゅうりのマリネ
→ p.61

【材料】
きゅうり … 1/2本
塩 … 小さじ1/8
白ワイン … 小さじ1
または白ワインヴィネガー … 小さじ1/4

【作り方】
❶きゅうりはスライサーで厚さ2mmの帯状の薄切りにする。
❷①に塩をし、最低5分置いてから水分を絞る。
❸②に白ワインをふりかける。

おすすめの食べ方
・きゅうり＆ハム、きゅうり＆スモークサーモンなどきゅうりを使うサンドイッチなら何でも使える。

## トマト p.43／p.85／p.110
本書では普通のトマトとミニトマトを使用しています。トマトはへたを除き、よく洗ってから使いましょう。ヘタに平行に輪切りにすると断面がきれいです。半月切りにする場合は、ヘタに垂直になるように半分に切ってから、断面を下にして切ります。スライスしたトマトは、キッチンペーパーの上に並べ、余分な水分をとっておきましょう。

## トマトの薄皮のむき方
→ 直火焼き／p.79

❶トマトの先に十字の切り目を入れ、へたをとってフォークを刺し、コンロの直火で薄皮がむけるまで焼く。
❷冷水に浸して薄皮をむく。

## トマトトースト

【材料】
トマト … 1個
オリーヴオイル … 大さじ1
塩 … 少々
食パン（8枚切りまたは6枚切り）… 1枚

【作り方】
❶ トマトは厚さ5〜8mmの輪切りにする。
❷ パンに❶を敷き詰める。面積が広いトマトを真ん中に置き、適当な大きさに切ったトマトで隙間をうめる。
❸ ❷にオリーヴオイルをまわしかけ、塩をふる。
❹ オーブントースターを予熱で温めたあと、❸を約5分焼く。
＊パンの耳が焦げやすいので注意しながら焼くこと。

## 自家製セミドライトマト
→ p.8／p.19／p.37／p.73／p.87

【材料】
ミニトマト … 適量
オリーヴオイル … 適量

【作り方】
❶ ミニトマトは横半分に切る。
❷ クッキングシートを敷いた天板の上に❶を並べ、150℃に温めたオーブン（上段）で1〜1時間30分、トマトの縁がしわしわになるまで焼く。そのまま室温で冷ます。
❸ ❷が完全に冷めたら、煮沸消毒したビンに❷を入れ、トマトがかぶるまでオリーヴオイルを注ぎ、ふたをする。

## ドライトマト
トマトの旨味が凝縮されたイタリア料理には欠かせない食材です。塩分も結構あるので、下記を参照して戻し、5mm幅のせん切りにして使いましょう。オリーヴのかわりに、もしくは一緒に使うとバリエーションの幅が広がります。

## ドライトマトの戻し方
❶ 鍋に水500ml、酢（米酢など）大さじ1を入れ、ふたをして強火にかける。
❷ ❶が沸騰したら、火を止め、ドライトマト10枚を入れ、10〜15分置いておく。
❸ ❷がやわらかくなったら、お湯を切り、キッチンペーパーで水気をとる。

**合うパン**
フォカッチャ／チャパタ／リュスティック／パン・ド・ロデヴ

**おすすめの食べ方**
・ライ麦パン（重め）に卵サラダ（p.132参照）を広げ、ドライトマト、アンチョヴィのフィレを一緒にのせる。

## アボカド p.110
アボカドは、下記の表を参考にし、手ざわりと皮の色で、用途に合った熟し加減のものを選びます。縦半分に切ってから皮と種を除きましょう。ただし、空気にふれるとすぐに黒ずみはじめるので、切るのは作る直前に。

| 使う用途 | 切って使用 | つぶして使用 |
|---|---|---|
| アボカドの手ざわり | やややわらかさのあるもの | やわらかめのもの |
| アボカドの皮の色 | 深緑の皮に黒い斑点があるもの | 深緑の部分がほとんどなくなり黒ずんでいるもの |
| レモン汁 | 好みの厚さに切り、全体にレモン汁をかける | フォークでつぶし、レモン汁を多めにかけて混ぜる |

## ワカモレ
→ p.63

【材料】（p.78-79のフォカッチャ2個分の分量）
玉ねぎ … 1/8個
コリアンダー（生・葉／あれば）… 適量
アボカド … 1個（170g）
レモン汁 … 小さじ2
塩 … 小さじ1/5

【作り方】
❶ 玉ねぎ、コリアンダーはみじん切りにし、玉ねぎのみ冷水にさらす。
❷ アボカドは皮と種を除き、乱切りにしてすり鉢に加える。レモン汁をまわしかけ、すりこぎなどで粗めにつぶす。
❸ ❷に水を切った❶の玉ねぎ、コリアンダー、塩を加え、よく和える。

## アボカドとピスタチオのスプレッド
→ p.32／p.33／p.113

【材料】（ベーグル4個分の分量）
アボカド … 1個（170g）
にんにく … 1片（5g）
レモン汁 … 小さじ2
ピスタチオ（殻つき）… 50g
粒マスタード … 大さじ1
マヨネーズ … 大さじ1

【作り方】
❶ ピスタチオは殻から出し、すり鉢に入れ、すりこぎなどで粗くつぶす。
❷ アボカドは皮と種を除き、乱切りにして❶に加える。レモン汁をまわしかけ、粗めにつぶしながら混ぜる。
❸ ❷にすりおろしたにんにく、マスタード、マヨネーズを加え、よく和える。

**おすすめの食べ方**
・薄く切ってトーストしたバゲットや食パン、ピタなどのフラットブレッドに添えてディップ的に。

## セロリ

セロリは茎（白い部分）と葉（緑の部分）に切り分けます。本書で使うのは主に茎で、表面にあるすじをピーラーなどで除きます。よく洗ってキッチンペーパーで水気をとり、用途に合った形状に切りましょう。

### おすすめの食べ方

・きゅうりを使うサンドイッチのきゅうりがわりに使ってみましょう。個性的な味のサンドイッチに仕上がります。

## ［主に加熱して食す野菜］

### 玉ねぎ p.14

### スライスオニオン

→ p.110／p.111

みずみずしく甘味の多い新玉ねぎ、赤玉ねぎがおすすめです。普通の玉ねぎの場合は、できるだけ薄く切り、冷水に5〜10分さらすと辛味が和らぎます。

### 玉ねぎのステーキ

→ p.85

【材料】

玉ねぎ … 1個

バター（またはオリーヴオイル）… 適量

【作り方】

❶玉ねぎを厚さ1cmに切り、キッチンペーパーを敷いた耐熱皿にのせ、ラップをかける。

❷①を電子レンジ（500W）で3分〜3分30秒加熱し、出た水分はキッチンペーパーでしっかりとる。

❸中火でバターを熱したフライパンに②を入れ、両面に焼き色がつくまで焼く。

### 玉ねぎのコンフィ

→ p.9／p.32／p.33／p.37

【材料】

玉ねぎ … 400g

オリーヴオイル … 大さじ2

エルブ・ド・プロヴァンス … 小さじ1/2〜1

塩 … 小さじ1/4

こしょう … 少々

【作り方】

❶玉ねぎは繊維に直角にできるだけ薄くスライスする。

❷キッチンペーパーを敷いた耐熱皿に①を広げ、ラップをかけ、電子レンジ（500W）で5〜6分加熱する。加熱後、出た水分はキッチンペーパーでしっかりとる。

❸中火でオリーヴオイルを熱した鍋に②を入れ、玉ねぎがあめ色になるまで炒める。

❹③に残りの材料を加え、よく混ぜる。

### おすすめの食べ方

・バゲット、コッペパン、ロールパンにディジョンマスタードを塗り、焼いたソーセージや厚切りベーコンと一緒にはさむ。

・p.9のピサラディエール風タルティーヌを食パンまたはカンパーニュで作る。

## パプリカ p.110

彩りもよく、生で食べてもおいしいパプリカは、サンドイッチにもぴったりです。生で使用する場合は、甘味とみずみずしさをより感じられるよう薄めに切りましょう。

### パプリカのロースト

【材料】

パプリカ（赤または黄）… 1個

【作り方】

❶パプリカをオーブントースターまたはコンロのグリル機能で、皮全体に黒い焦げ目がつくまでしっかり焼く。

❷①をアルミホイルでしっかり包む。

❸②が冷めたら、皮をむき、残った皮や汚れはしめらせたキッチンペーパーでふきとる。

❹へたと種を除き、用途に合った形状に切る。

### パプリカのマリネ

→ p.81

【材料】

パプリカ … 1個

塩 … 少々

オリーヴオイル … 大さじ1

酢 … 小さじ1

【作り方】

❶パプリカのロースト（上記参照）を作り、1cm幅に切る。

❷小さいボウルに①を入れ、残りの材料を加えて軽くもむ。

＊バルサミコ酢がおすすめだが、

色をつけたくない場合は白ワインやシードルヴィネガーで。

### ムハンマラ（パプリカとくるみのペースト）

→ p.63

【材料】

パプリカ（赤）… 1個（170g）

にんにく … 1/2片（2.5g）

くるみ（生）… 40g

唐辛子（輪切り）… 1/2本

オリーヴオイル … 大さじ1

塩 … 小さじ1/4

【作り方】

❶パプリカのロースト（上記参照）を作り、乱切りにする。

❷くるみはフライパンかオーブントースターで、香ばしい香りが

出るまで煎る。にんにくは粗く刻む。

❹ フードプロセッサーに①、②、残りの材料を入れ、ペースト状になるまで撹拌する。

### おすすめの食べ方

・薄く切ってトーストしたバゲットや食パン、ピタなどのフラットブレッドに添えてディップ的に。

・ベーグルにムハンマラを塗り、鶏のローストまたはソテー（p.136参照）、好みの葉野菜の順にはさむ。

## キャベツ

生でサンドイッチに使用する場合は、口当たりがよくなるよう芯は必ず除き、できるだけ細いせん切りにしましょう。

### 自家製ザワークラウト
→ p.94／p.99

【材料】
キャベツ … 1/2個（500g）
塩 … 10g（キャベツの2%）
好みのスパイスやハーブ（あれば）… 適量

【作り方】
❶ キャベツは芯を除き、せん切りにする。
❷ キャラウェイを使う場合は、軽くつぶして香りを出す。ディルを使う場合は、茎ごと洗い、ざく切りにする。
❸ ボウルに、①を入れ、塩を全体にまぶす。清潔な手で、キャベツから水分が出てしんなりするまでよくもむ。
❹ ③を煮沸消毒したビンに少しずつ入れ、そのつど、めん棒の先でしっかり押しながら詰める。
❺ せん切りキャベツがキャベツから出た水分に浸るように直にラップをのせ、ふたをして3日〜1週間、涼しいところに置く（暖かくなったら冷蔵庫で保存）。
＊キャラウェイ（シード）またはディル（生）がおすすめ。
＊半端に余ったキャベツで作っておくと、
サンドイッチや料理などに幅広く使える。

### 合うパン
ライ麦パン／カンパーニュ／全粒粉、グラハム粉を使ったパン

### おすすめの食べ方

・1週間より前のものは、時短ザワークラウト（下記参照）と同じ食べ方で。1週間よりあとのものは、スープや煮込み料理に入れる。

### 時短ザワークラウト
→ p.63

【材料】
キャベツ … 1/4個（250g）
キャラウェイ … 小さじ1/2
こしょう（黒・ホール）… 5粒
水 … 大さじ2
塩 … 小さじ1/4〜1/3
白ワインヴィネガー … 大さじ1/2

【作り方】
❶ 自家製ザワークラウトの作り方①、②と同様に作る。こしょうも軽くつぶして香りを出す。
❷ 耐熱皿に①のキャベツをのせ、水をふりかける。
❸ ②にラップをかけ、電子レンジ（500W）で3〜4分加熱する。
❹ ③の粗熱がとれたら、軽く絞ってボウルに入れ、塩を全体にまぶす。
❺ ④にヴィネガー、スパイス類を加え、よく混ぜる。
＊赤キャベツで作ってもよい。

### おすすめの食べ方

・バゲット、コッペパン、ロールパンに粒マスタードを塗り、焼いたソーセージや厚切りベーコンと一緒にはさむ。

・パンにディジョンマスタード（あれば）を塗り、豚のリエット（p.137参照）と一緒にはさむ。

### コールスロー

【材料】
キャベツ … 1/4個（250g）
にんじん … 1/3本（50g）
レモン汁 … 小さじ2
塩 … 小さじ1/2
水 … 大さじ2
マヨネーズ … 大さじ1+1/2（15g）
こしょう … 少々

【作り方】
❶ キャベツは芯を除き、せん切りにする。にんじんは皮をむき、5mm角に切る。
❷ 耐熱皿に①をのせ、水をふりかける。
❸ ②にラップをかけ、電子レンジ（500W）で3〜4分加熱する。
❹ ③の粗熱がとれたら、軽く絞ってボウルに入れ、塩を全体にまぶす。
❺ ④に残りの材料を加え、よく和える。
＊赤キャベツで作ってもよい。
＊あればコーン（缶詰またはゆでたもの）やツナ缶を入れてもよい。

### 合うパン
白系のパン／全粒粉を使ったパン

### おすすめの食べ方

・粗挽きこしょうのついたハム（なければこしょうをたっぷりかけたハム）と一緒にはさむ。

・ハムエッグ（植物油大さじ1/2を熱したところにハム1枚、卵1個の順に入れ、塩、こしょうをし、好みのかたさになるまで加熱する）と一緒にはさむ。

## にんじん

### キャロット・ラペ
→ p.63

【材料】
にんじん … 1本（150g）

ヴィネグレットソース

| 白ワインヴィネガー … 大さじ1/2
| 塩 … 小さじ1/5〜1/4
| はちみつ（またはメープルシロップ）… 小さじ1
| オリーヴオイル … 大さじ2
| こしょう … 少々

【作り方】

❶ ヴィネグレットソースを作る。ボウルにヴィネガー、塩を入れ、小さい泡立て器でかき混ぜながら、塩をよく溶かす。

❷ ①にはちみつ、オリーヴオイルを順に加え、そのつどよく混ぜる。こしょうを加える。

❸ にんじんは皮をむき、せん切りスライサーで②に直接おろし入れ、よく和える。

おすすめの食べ方

・パン、タンパク質系の食材、乳製品を選ばないので、何にでも合わせられる。

・トーストした食パンにモルタデッラ（p.135参照）、ザワークラウト（p.145参照）と一緒にはさむ。

**バインミー用キャロット・ラペ**
→ p.13

【材料】

にんじん … 1本（150g）

ニョクマム入り甘酢

| 米酢 … 大さじ1+小さじ1
| 砂糖 … 15〜20g
| 水 … 大さじ1
| ニョクマム … 大さじ1
| 唐辛子（輪切り）… 1/2本

【作り方】

❶ ニョクマム入り甘酢を作る。ボウルに酢、砂糖を入れ、小さい泡立て器でかき混ぜながら、砂糖をよく溶かす。

❷ ①に残りの材料を入れ、よく混ぜる。

❸ にんじんは皮をむき、せん切りスライサーで②に直接おろし入れ、よく和える。

おすすめの食べ方

・パンにピーナッツバター（あれば）を塗り、蒸し鶏（p.136参照）、スライスしたきゅうりと一緒にはさむ。

**じゃがいも**

**クリーミーなマッシュポテト**
→ p.15／p.66／p.109／p.110

【材料】

じゃがいも（大）… 2個（400g）

バター … 40g

牛乳 … 80ml

生クリーム … 40ml

塩 … 小さじ1/4

白こしょう（パウダー）… 少々

【作り方】

❶ じゃがいもは皮をむき、厚さ1.5cmの輪切りにし、水に最低5分さらす。

❷ バターは5等分に切る。

❸ 鍋の高さ2/3まで水を入れ、ふたをして強火にかける。

❹ ③が沸騰したら、水を切った①を加え、中火で約20分ゆでる。

❺ ④が完全にやわらかくなったら、お湯を切る。じゃがいもを鍋に戻し、中火にかけて水分を飛ばす。

❻ ⑤を火からおろし、②を加え、すりこぎなどできれいにつぶす。

❼ ⑥に牛乳、生クリームを加えて弱火にかけ、なめらかなペースト状になるまでかき混ぜながら加熱する。

❽ 塩、こしょうで調味する。

＊生クリームがない場合は、その分量を牛乳に置きかえる。

おすすめの食べ方

・パンにジェノヴェーゼ（p.152参照）を塗り、生ハムと一緒にはさむ。

・舞茸のバターソテー（p.147参照）と一緒にはさむ。

**タラモサラダ**
→ p.63／p.110

【材料】

明太子（魚卵のみ）… 30g（1/3本分）

じゃがいも（大）… 1個（200g）

レモン汁 … 小さじ1

マヨネーズ … 大さじ1

こしょう … 少々

【作り方】

❶ クリーミーなマッシュポテト（p.146参照）の作り方①、③〜⑤を同様に作る。

❷ ①を火からおろし、すりこぎなどで粗めにつぶす。

❸ ②に残りの材料を加え、均一になるまで混ぜる。

❹ 味を見て、足りなければ塩（分量外）で調える。

おすすめの食べ方

・薄く切ってトーストしたバゲットや食パン、ピタなどのフラットブレッドに添えてディップ的に。

・食パン（8枚切り）にはさむ。海苔または大葉を一緒にはさんでも。

**ボンベイポテト**
→ p.61

【材料】

じゃがいも（中）… 2個（250g）

植物油 … 大さじ1/2

マスタード（シード）… 小さじ1/4

クミン（シード）… 小さじ1/4

ローリエ … 1枚

塩 … 小さじ1/4

ターメリック（パウダー）… 小さじ1/8

コリアンダー（パウダー）… 小さじ1/8

タバスコ … 少々

【作り方】

❶ クリーミーなマッシュポテト（p.146参照）の作り方①、③〜⑤と同様に作る。

❷ ①をゆでている間、小さいフライパンに油、マスタード、クミン、3等分にちぎったローリエを入れ、弱火にかけて油にスパイスの香りを移す。

❸ ①を火からおろし、ボウルに移す。

❹ ③に②（ローリエは除く）と残りの材料を加え、じゃがいもを粗めにつぶしながら混ぜる。

【おすすめの食べ方】

・食パンでホットサンドイッチにする。スライスしたスイートピクルス、シュレッドチーズを一緒にはさんでも。


**オリーヴオイルのポテトサラダ**
→ p.70

【おすすめの食べ方】

・ほぐしたサバ缶、クレススプラウトと一緒にはさむ。

・モルタデッラ（p.135参照）、ルッコラと一緒にはさむ。


**マッシュルーム**

スライスして生で食べてもおいしいマッシュルーム。白とブラウンがありますが、ブラウンの方が香りや旨味が強く、合わせる食材の旨味も引き出してくれます。


**きのことくるみのスプレッド**
→ p.32／p.37

【材料】（カンパーニュ3〜4枚分）

マッシュルーム … 50g

エリンギ … 50g

舞茸 … 50g

にんにく … 1〜2片（5〜10g）

くるみ … 50g

オリーヴオイル … 40ml

塩 … 小さじ1/4

こしょう … 少々

【作り方】

❶ きのこ類はキッチンペーパーで汚れをふきとる。マッシュルーム、エリンギは乱切りにし、舞茸は手でさいて小房に分ける。にんにくは半分に切ってつぶす。

❷ フライパンにオリーヴオイル、①のにんにく、くるみを入れて中火にかけ、にんにくにうっすらと色がつくまで加熱する。

❸ ②に①のきのこ類、塩を加え、しんなりするまで炒める。にんにくはきつね色になったらとり出しておく。

❹ フードプロセッサーに③（にんにくも一緒に）、こしょうを入れ、粗めのペースト状になるまで撹拌する。

＊3種のきのこは何でも可（しいたけ、しめじ、ひらたけなど）。きのこの総量が150gになればよい。


【おすすめの食べ方】

・カンパーニュにマッシュポテト（p.146参照）と一緒にのせる。

・カンパーニュに軽く炒めた生ハム、刻んだパセリと一緒にのせる。


**舞茸** p.15

**舞茸のバターソテー**

【材料】

舞茸 … 50g

バター … 5〜10g

塩、こしょう … 少々

【作り方】

❶ 舞茸は手でさいて小房に分ける。

❷ 中火でバターを溶かした小さいフライパンに①を加え、バターがからまるように軽く炒める。

❸ 味を見て、塩、こしょうで調える。


**なす**

なすは厚さ7〜8mmの輪切りにしてローストすれば（p.148参照）、サンドイッチの具材になります。


**ババガヌーシュ（焼きなすのペースト）**
→ p.63

【材料】

なす … 1本（150g）

にんにく … 1/2片（2.5g）

レモン汁 … 大さじ1

練りごま（白）… 大さじ1

すりごま（白）… 大さじ2

オリーヴオイル … 大さじ1/2

塩 … 小さじ1/4

【作り方】

❶ なすをコンロのグリル機能またはオーブントースターで、皮全体に焦げ目がつくまで焼く。

❷ ①の皮とへたを除き、乱切りにする。にんにくは粗く刻む。

❸ フードプロセッサーに②、残りの材料を入れ、ペースト状になるまで撹拌する。

【おすすめの食べ方】

・薄く切ってトーストしたバゲットや食パン、ピタなどのフラットブレッドに添えてディップ的に。

・p.22のトルコ風サバサンドのパンに塗る。


**ほうれん草**

**ほうれん草のガーリックソテー**
→ p.81

【材料】

ほうれん草 … 2株（70g）

オリーヴオイル … 大さじ1/2
にんにく（薄切り）… 4枚
塩、こしょう … 各少々

【作り方】

❶ ほうれん草は根元を除き、長さ5cmに切る。

❷ 小さいフライパンにオリーヴオイル、にんにくを入れて中火にかける。

❸ にんにくにうっすらと色がついたら、①を茎、葉の順に加え、ふたをして30秒加熱する。ふたをとって、しんなりするまで炒める。

❹ 塩、こしょうで調味する。

＊作り方②で唐辛子の輪切り1/4本分を加えてもよい。


## ほうれん草のバターソテー

→ p.84

【材料】

ほうれん草 … 2株（70g）
バター … 5～10g
塩、こしょう … 各少々

【作り方】

❶ ほうれん草は根元を除き、長さ5cmに切る。

❷ 中火でバターを溶かした小さいフライパンに①を茎、葉の順に加え、ふたをして30秒加熱する。ふたをとってしんなりするまで炒める。

❸ 味を見て、塩、こしょうで調える。


## ［調理野菜］

サンドイッチに合う野菜といえば「生野菜」が定番ですが、ひと手間かけることでいろいろな野菜がパンやサンドイッチに合う具材になります。

### ピクルス p.110

市販のピクルス（外国産）の多くは、小ぶりのきゅうりを使ったもので、大きく分けると、酢漬けと甘酢漬け（「スイートピクルス」と呼ばれるジャンル）があります。フランスのパテ・ド・カンパーニュ（p.137参照）やリエット（p.137参照）を食べるときに欠かせない「コルニッション」は前者、マクドナルドのハンバーガーに入っているのは後者です。用途に合わせて使い分けましょう。


## 自家製ピクルス

→ p.9／p.60／p.96

【材料】

きゅうり … 2本
セロリ（茎）… 1本
ピクルス液
　酢（好みで）… 60ml
　水 … 100ml
　砂糖 … 40g
　塩 … 10g
　ローリエ … 2枚

【作り方】

❶ ピクルス液を作る。小鍋にすべての材料を入れてよく混ぜ、中火にかける。

❷ ①が軽く沸騰し、塩や砂糖が完全に溶けたら火からおろす。

❸ きゅうり（p.142参照）、セロリ（p.144参照）はそれぞれのページを参照して下処理を行い、拍子木切りにする。

❹ ③を密閉容器に並べ、粗熱がとれた②を注ぐ。ピクルス液が完全に冷めたら、ふたをして冷蔵庫に入れる。

＊計300gの野菜を2時間漬けるとちょうどよい味になるピクルス液の分量。漬け過ぎると味が濃くなるので、好みの味になったところでピクルス液から出し、別の密閉容器に移して保存することをおすすめする。

＊ピクルス液は4回くらい同量の野菜を入れて使うことができる。3回目からは塩を足して味を見、甘味が足りなければ砂糖を足し、再度軽く沸騰させて使うこと。

＊甘味のないピクルスを作りたい場合は、砂糖を加えずに作る。

ピクルスに合う野菜

パプリカ／にんじん／かぶ／ラディッシュ／ミニトマト


## 野菜のロースト

→ p.32／p.78

【材料】

なす … 1本
ズッキーニ … 1本
玉ねぎ … 1個
パプリカ（赤・黄）… 各1個
れんこん … 4cm
オリーヴオイル … 適量
塩 … 適量
エルブ・ド・プロヴァンス … 適量

【作り方】

❶ 野菜は必要であれば皮をむき、厚さ7～8mmの輪切りにする。

❷ ①をボウルに入れ、オリーヴオイルをまわしかけ、手で野菜全体にまぶす。

❸ クッキングシートを敷いた鉄板に、②を重ならないように並べ、塩、エルブ・ド・プロヴァンスをふりかける。

❹ ③を220℃に温めたオーブンで30分焼く。

＊エルブ・ド・プロヴァンスのかわりに、その他のドライハーブ（ローズマリー、タイム、オレガノなど）を使ってもよい。

＊焼いてからバルサミコ酢をふりかけてもよい。

ローストに合う野菜

かぼちゃ／にんじん／細めのアスパラガス

合うパン

フォカッチャ／チャバタ／リュスティック／パン・ド・ロデヴ

おすすめの食べ方

・ミラノサラミ（あれば／p.134参照）、薄く削ったパルミジャーノ・レッジャーノまたは粉チーズと一緒にはさむ。

[豆]

## ひよこ豆（ガルバンゾー）

### フムス（ひよこ豆のペースト）
→ p.32／p.63／p.108／p.110

**【材料】**
ひよこ豆（水煮）… 120〜140g
にんにく … 1/2片（2.5g）
レモン汁 … 大さじ1＋小さじ1/2
オリーヴオイル … 大さじ1＋1/2
練りごま（白）… 大さじ2
塩 … 小さじ1/4

**【作り方】**
❶ にんにくは粗く刻む。
❷ フードプロセッサーに①と残りの材料を入れ、ペースト状になるまで撹拌する。
＊ひよこ豆のかわりに大豆（水煮）を使ってもよい。

**おすすめの食べ方**
・薄く切ってトーストしたバゲットや食パン、ピタなどのフラットブレッドに添えてディップ的に。
・パンにフムスを塗り、キャロット・ラペ（p.145参照）、乱切りして素揚げしたなすと一緒にはさむ。

### にんじん入りフムス
→ p.87

**【材料】**
にんじん … 70g
フムスの材料（上記参照）

**【作り方】**
❶ にんじんは皮をむいてさいの目に切り、耐熱皿に広げ、ラップを軽くかける。電子レンジ（500W）でやわらかくなるまで約2分加熱する。
❷ フムスの作り方②（上記参照）で①を加え、同様に撹拌する。

# 果物

## ［主に生で食す果物］ p.32／p.59／p.67

### りんご p.42
生のりんごをパンと合わせるときは、A皮つきのまま厚さ3mmのくし形に切る、またはBせん切りにしましょう。切ったあとは、黒ずみを防ぐために塩水に浸しておきます。

**おすすめの食べ方**
・バゲット、リュスティック、パン・ド・ロデヴにバターを多めに塗り、Aをはさむ。さらに厚さ1cmのカマンベールチーズやブリーチーズをはさんでも。
・食パンにクリームチーズを塗り、砕いたブルーチーズをのせ、オーブントースターで焼いた上にBを広げ、はちみつをまわしかける。

## カラメルりんご
→ p.61／p.109

**【材料】**
りんご … 1個（300g）
砂糖 … 40g
水 … 大さじ1
カルダモン（パウダー）… 2つまみ

**【作り方】**
❶ りんごは皮と芯を除き、厚さ7mmのいちょう切りにする。
❷ 小鍋に砂糖と水を入れ、中火にかける。ときどきゆすりながらカラメル色になるまで加熱する。
❸ ②に①を加え、ときどきかき混ぜながら、水分が飛ぶまで煮詰める。
❹ ③を火からおろし、カルダモンを加えて軽く混ぜる。

## 洋梨
生の洋梨をパンと合わせるときは、皮と芯を除き、A厚さ1cmのくし切りにする、またはB乱切りもしくは1cm角に切る。

**おすすめの食べ方**
・バゲット、リュスティック、パン・ド・ロデヴにバターを多めに塗り、板状のビターチョコレートと一緒にAをはさむ。
・バゲットにバターを多めに塗り、Bと砕いたブルーチーズを合わせたものをはさむ。

## バナナ p.110／p.111
生のバナナをパンと合わせるときは、用途に合った形状に切ったあと、黒ずみを防ぐためにレモン汁をふりかけておきます。

**おすすめの食べ方**
・パンにチョコスプレッド（またはヌテラ）を塗り、食べやすい大きさに切ったバナナをはさむ。
・厚さ5mmの輪切りにしたバナナをたっぷりのせ、シナモンパウダー、グラニュー糖をふりかける。

## 焼きバナナ
→ p.73

**【材料】**
バナナ … 1/2本
グラニュー糖 … 小さじ1
無塩バターまたはオリーヴオイル … 適量

**【作り方】**
❶ バナナは皮をむき、中央に切り込みを入れる。
❷ アルミホイルを敷いた天板（またはアルミホイル）に、①を置く。
❸ ②の切り込みの内側と外側にグラニュー糖をふりかける。
❹ ③をオーブントースターでバナナに軽く焼き色がつくまで焼く。
❺ ④に小片にしたバターをのせるか、オリーヴオイルをまわしかける。

## おすすめの食べ方
・クロワッサンまたはコッペパンにヴァニラアイスクリームと一緒にはさむ。

## いちご p.49／p.72
生のいちごをパンと合わせるときは、へたをとり、用途に合った形状に切りましょう。半分、くし切り、縦または横のスライスなど、切り方によっていろいろな表情を見せてくれます。

### 合うパン
ブリオッシュ／クロワッサン／食パン／コッペパン／バターロール

### おすすめの食べ方
・ホイップクリーム（p.157参照）またはカスタードクリーム（p.158参照）、もしくはその両方と一緒にはさむ。
・ホイップクリームと一緒にはさみ、メープルシロップまたははちみつをまわしかける。
・レアチーズケーキスプレッド（p.157参照）と一緒にはさむ。
＊いちごのかわりにキウイ、メロン、パイン、もも、いちじく、柿、びわなどを使ってもよい。

## ［コンフィチュール／ジャム／プリザーヴ］
p.32／p.42／p.89／p.110
本書では、「果物を砂糖で煮たもの」を、フランスのパンや料理に合わせるものは「コンフィチュール」、それ以外のものは「ジャム」または「プリザーヴ」と書き分けています。次にご紹介するものは、フランス式の作り方のため「コンフィチュール」としています。果物を指定の分量よりも多く使う場合は、加熱時間、火を止めて混ぜる時間を少し多めにとってください。

## いちごのコンフィチュール
→ p.42／p.95

### 【材料】
いちご … 1パック（300g前後）
レモン汁 … 大さじ1
グラニュー糖 … 計量後のいちごの3/4量

### 【作り方】
❶いちごはへたをとって洗い、水を切って重さを量る。
❷①からグラニュー糖の量を算出し、量る。
❸①を半分または4等分など好みの大きさに切る。粒のままがよければそのままで。
❹鍋に③、②、レモン汁の順に入れ、グラニュー糖をまぶすようにしながら、木べらで全体を混ぜる。
❺④にラップをかけて室温にひと晩置き、いちごの水分を十分に出す。
❻鍋を強めの中火にかけ、木べらで絶えずかき混ぜる。沸騰したらあくをとる。
❼⑥にポコポコと大きな泡が出始めたら、4～5分かき混ぜ続ける。
❽火を止め、さらに3～4分かき混ぜ続ける。
❾⑧を煮沸消毒したビンに入れる。ふたをしっかり閉め、逆さまにして冷ます。

## いちじくのコンフィチュール
→ p.32／p.37／p.49

### 【材料】
いちじく … 300g
レモン汁 … 大さじ1/2
グラニュー糖 … いちじくの半量

### 【作り方】
❶いちごのコンフィチュールと同じ。ただし、作り方①でいちじくの柄のみを除き、皮は残す。作り方③で縦に4等分にし、それぞれを半分に切る。

## りんごとキウイのコンフィチュール

### 【材料】
りんご … 1/2個（150g）
キウイ … 1個
レモン汁 … 小さじ1
グラニュー糖 … 計量後のりんごとキウイの2/3量

### 【作り方】
❶いちごのコンフィチュールと同じ。ただし、作り方①でりんごは皮と芯を除き、キウイは皮をむく。作り方③でりんごは1cm角に、キウイはひと口大に切る。作り方⑦でいちごより約2分長く加熱する。

## りんごとメープルシロップのプリザーヴ
→ p.89

### 【材料】
りんご … 1個（300g）
水 … 100ml
白ワイン … 100ml
砂糖 … 30g
メープルシロップ … 大さじ3
シナモン（パウダー）… 2つまみ
カルダモン（パウダー）… 2つまみ

### 【作り方】
❶りんごは皮と芯を除き、さいの目に切る。
❷小鍋に水、白ワイン、砂糖を入れて中火にかけ、ときどきかき混ぜながら砂糖を煮溶かす。
❸②が沸騰したら①を加え、落としぶたをし、弱火で20分煮る。
❹③を火からおろし、鍋のまますりこぎなどでつぶす。
❺④にメープルシロップ、スパイス類を加え、再び中火にかける。ときどき混ぜながら、水分が飛ぶまで煮詰める。
❻⑤を煮沸消毒したビンに入れる。ふたをしっかり閉め、逆さまにして冷ます。

### 合うパン
ブリオッシュ／クロワッサン／食パン

### おすすめの食べ方
・このプリザーヴでp.61のアップルホットサンドを作る。

## レモンカード
→ p.31／p.44

**おすすめの食べ方**
・ベーグルにクリームチーズと一緒に塗る。
・ライ麦パンにレアチーズケーキスプレッド（p.157参照）と一緒に塗る。
・ブリオッシュにホイップクリーム（p.157参照）と一緒に塗る。

## 甘栗のラムシロップ漬け
→ p.45

**【材料】（クロワッサン3個分の分量）**
むき栗 … 1袋（80g）
レモン汁 … 2～3滴
水 … 100ml
砂糖 … 50g
ラム酒 … 大さじ1

**【作り方】**
❶ 小鍋に水、砂糖、レモン汁を入れて中火にかけ、ときどきかき混ぜながら砂糖を煮溶かす。
❷ ①が沸騰したら栗を加え、クッキングシートで落としぶたをして、弱火で約10分煮る。
❸ ②の液体にとろみがついたら、落としぶたをとり、ラム酒を加え軽く混ぜる。落としぶたなしで2～3分煮詰め、火からおろす。
＊日が経つとかたくなるので早めに食べ切るように。

## ［主にドライで食す果物］

### ドライフルーツ
ドライフルーツはお湯に5～20分浸してから使うとベター。やわらくなり、まわりについた油脂などをとり除くことができます。

**コクや甘味の強いドライフルーツ**
（レーズン、プルーン、干しいちじく、デイツなど）
ラム酒、ブランデー、果物の蒸留酒、泡盛などに漬ける。そのまま、または細かく刻んでクリームチーズやバターに混ぜ込んで使う。

**酸味の強いドライフルーツ**
（ドライアプリコット、クランベリー、ブルーベリーなど）
細かく刻んでヴァニラアイスクリーム、ガナッシュ（p.158参照）、練乳などに混ぜる。

### ナッツ
アーモンド（p.101）とくるみ（p.49、p.72）が定番。ヘーゼルナッツ（p.95）は手に入りにくいですが、3番目に使いたいナッツです。その他、ピーナッツ、カシューナッツ、ピスタチオ、ピーカンナッツ、松の実なども合います。
本書では、ナッツは基本、無塩でロースト（＝素焼き）してあるものを使用しています。自分でローストした方がおいしくなるものに関しては、生を用意し、オーブントースターかフライパンでローストする（煎る）よう明記しています。ナッツに塩味がついている

場合は、塩を洗ってとるか、料理に加える塩の量を調整しましょう。

## アーモンドバター
→ p.31／p.32／p.89

**【材料】（食パン2～3枚分の分量）**
アーモンド（ロースト・無塩）… 80g
砂糖 … 大さじ1/2
塩 … 小さじ1/10

**【作り方】**
❶ フードプロセッサーにすべての材料を入れ、油がにじみ出たペーストになるまで撹拌する。

**おすすめの食べ方**
・カンパーニュに塗り、メープルシロップをまわしかける。
・食パンに塗り、グラニュー糖をかけ、オーブントースターで焼く。

## くるみあん
→ p.73

**【材料】（ジャムパン2個分の分量）**
くるみ（ロースト・無塩）… 50g
砂糖 … 15～20g

**【作り方】**
❶ フードプロセッサーにすべての材料を入れ、しっとりしたあん状になるまで撹拌する。

# ソース／スプレッド／トッピングなど

## シンプルキーマカレー

**【材料】（2人分）**
豚ひき肉 … 150g
玉ねぎ … 1個（250g）
にんにく … 1片（5g）
しょうが … 1片（5g）
トマト … 1個（150g）
クミン（シード）… 小さじ1
カレー粉 … 小さじ1
コリアンダー（パウダー）… 小さじ1
ターメリック（パウダー）… 小さじ1
植物油 … 大さじ2
水 … 100ml
塩 … 小さじ1
こしょう … 少々

**【作り方】**
❶ 玉ねぎ、にんにく、しょうがはみじん切りにし、トマトはひと口大に切る。クミンは軽くつぶして香りを出す。
❷ フライパンに油大さじ1、①のクミンを入れて弱火にかけ、油にクミンの香りを移す。
❸ ②に①のにんにく、しょうがを加え、にんにくがきつね色にな

52

るまで炒める。

❹③に①の玉ねぎを加え、甘味が出るまで炒める。途中水分がなくなったら、大さじ2くらいの水（分量外）を足すというプロセスを2～3回くり返しながら炒め、バットに移す。

❺同じフライパンを中火にかけて残りの油を入れ、油が熱くなったら、ひき肉をかたまりのまま加え、両面にしっかり焼き色をつける。その後、ほぐしながら炒める。

❻⑤に④、①のトマトを加え、トマトの水分がなくなるまで炒める。

❼⑥にコリアンダー、ターメリック、カレー粉を順に加え、弱火でそのつどよく炒める。

❽⑦に水、塩を加え、水分がある程度なくなるまで、中火で煮込む。

❾⑧にこしょうを加え、軽く混ぜる。

❿味を見て、塩、使用したスパイス（共に分量外）で調える。

**おすすめの食べ方**

・食パンにカレー、スライスしたかたゆで卵（p.132参照）、スライスチーズの順にのせ、オーブントースターで焼く。

・バターで炒めたコーン（あればゆでたもの）、シュレッドチーズと一緒にはさんでホットサンドイッチにする。

・トーストした食パンにクリームチーズを塗り、レタス、スライストマト、スライスオニオンと一緒にはさむ。

・食パンをポケット切り（p.55参照）にし、カレーを詰める。


**即席ホワイトソース**

【材料】
バター … 20g
牛乳 … 200ml
薄力粉 … 大さじ2
塩 … 小さじ1/4
白こしょう（パウダー） … 少々

【作り方】
❶小さい耐熱容器にバターを入れ、ラップを軽くかけ、電子レンジ（500W）で30秒加熱する。

❷①に薄力粉、塩を入れ、小さな泡立て器で粉のダマがなくなるまでよく混ぜる。

❸②にラップを軽くかけ、電子レンジ（500W）で30秒加熱する。

❹③に牛乳を3回に分けて加え、そのつど混ざるまでよく混ぜる。

❺④にラップを軽くかけ、電子レンジ（500W）で1回目は2分、2回目は1分、3回目、4回目は30秒ずつ加熱し、そのつどよく混ぜながら、とろみがつくまで加熱する。

**おすすめの食べ方**

・食パン（8枚切り）2枚の片面にバターを塗り、1枚にホワイトソースを塗り、ハムをのせ、もう1枚でサンドする。その上にシュレッドチーズをたっぷりのせ、オーブントースターでチーズが溶けて焼き色がつくまで焼く。


**レモン風味のトマトソース**
→ p.68

【材料】
レモン（あれば国産） … 1個
にんにく … 3片（15g）
水 … 100ml
オリーヴオイル … 大さじ3
トマト缶（あればカットトマト） … 400g
はちみつ … 大さじ1
塩 … 小さじ1/2

【作り方】
❶レモンは皮の黄色い部分をむき、できるだけ細いせん切りにする。

❷小鍋に水、①を入れて中火にかけ、沸騰したら5分加熱する。

❸別の鍋にオリーヴオイルとにんにくを入れて中火にかけ、にんにくがきつね色になるまで加熱する。

❹③にトマト、②のゆで汁（レモンの皮はとっておく）、塩を加え、沸騰したら、ふたをして弱火で20～30分、水っぽさがなくなるまで煮込む。

❺④にはちみつを加えてよく混ぜ、味を見て、塩（分量外）で調える。


**自家製タプナード**
→ p.8

【材料】
オリーヴ（黒・種なし） … 80g
にんにく … 1/2片（2.5g）
ケイパー … 小さじ1/2（9粒）
バジル（生・葉・みじん切り） … 大さじ1（2.5g）
干しいちじく（ソフトタイプ） … 20g
オリーヴオイル … 大さじ2
バルサミコ酢 … 大さじ1

【作り方】
❶オリーヴ、いちじく、にんにくは4等分に切る。

❷フードプロセッサーに①と残りの材料を入れ、ペースト状になるまで撹拌する。

**合うパン**
バゲット／リュスティック／パン・ド・ロデヴ／フォカッチャ／チャバタ

**おすすめの食べ方**

・パンに塗り、卵サラダ（p.132参照）、スライスオニオンと一緒にはさむ。

・パンに塗り、ミラノサラミ（p.134参照）、ルッコラまたはクレソンと一緒にはさむ。


**カシューナッツのジェノヴェーゼ**
→ p.79／p.87

【材料】
バジル（生・葉） … 30g
にんにく … 1/2片（2.5g）
カシューナッツ（ロースト・無塩） … 50g
塩 … 小さじ1/4
オリーヴオイル … 100ml

【作り方】

❶ バジルは葉のみを使う。よく洗い、キッチンペーパーで水気をしっかりとる。手でちぎってフードプロセッサーに入れる。

❷ にんにくは4等分に、カシューナッツは半分に切る。

❸ ①に②、残りの材料を入れ、ペースト状になるまで攪拌する。

＊バジルのかわりにパセリを使ってもよい。

**おすすめの食べ方**

・パンに塗り、鶏のローストまたはソテー（p.136参照）、好みの葉野菜と一緒にはさむ。

・食パン（8枚切り）に塗り、スライストマト、薄く切ったモッツァレラと一緒にはさみ、ホットサンドイッチにする。

[マヨネーズ]

**自家製マヨネーズ**

→ p.12

【材料】

卵黄（室温に戻す）… 1個分

レモン汁 … 大さじ1

ディジョンマスタード … 小さじ1

塩 … 小さじ1/2

植物油（できるだけ新鮮なもの）… 100ml

【作り方】

❶ ボウルに卵黄から塩までを入れ、泡立て器でもったりと白っぽくなるまでよく混ぜる。

❷ ①に油を糸状に垂らしながら少しずつ加え、そのつどよく混ぜる。

＊ハンドブレンダーがあれば、すべての材料を室温に戻しておき、専用の細長い容器に入れて数回攪拌すれば、アッという間にできる。

**フレーバーマヨネーズ**（市販のマヨネーズを使用）

・辛子マヨネーズ（p.58、p69）
　マヨネーズ … 大さじ1、和辛子 … 小さじ1/4

・ホースラディッシュマヨネーズ（p.60）

・わさびマヨネーズ
　マヨネーズ … 大さじ1、練りわさび … 小さじ1/2

・ごまマヨネーズ
　マヨネーズ … 大さじ1、練りごま（白）… 小さじ1/2、すりごま（白）… 小さじ1

・ピーナッツマヨネーズ
　マヨネーズ … 大さじ1、ピーナッツバター … 小さじ1

・マスタードマヨネーズ（p.14）
　マヨネーズ … 大さじ1、和辛子 … 小さじ1/5、粒マスタード … 小さじ1/2

・アンチョヴィマヨネーズ
　マヨネーズ … 大さじ1、アンチョヴィペースト … 小さじ1/5

・ローズマリーマヨネーズ（p.15）
　マヨネーズ … 大さじ1、ローズマリー（生・葉・みじん切り）… 5本

・ハーブマヨネーズ（p.96）

・ディルマヨネーズ（p.103）

・アイオリ（にんにくマヨネーズ）
　マヨネーズ … 大さじ1、にんにく（すりおろし）… 小さじ1/5

・ルイユ（p.37）
　マヨネーズ … 大さじ1、にんにく（すりおろし）… 小さじ1/5、サフラン（数滴の水に浸し色を出す）… 3本、カイエンヌペッパー（パウダー）… 少々

[マスタード]

本書で使うマスタードは、主に粒マスタードとクリーミーなディジョンマスタードの2種です。ディジョンマスタードはフランスではステーキなどの肉につけるのに欠かせないマスタードで、粒よりもよく使われています。ドイツや北欧でソーセージなどに合わせる甘いハニーマスタードは、市販のものもありますが、下記を参考にし、手作りしてみてはいかがでしょうか。

**フレーバーマスタード**（粒マスタードを使用）

・辛子マスタード
　粒マスタード … 大さじ1、和辛子 … 小さじ1/4

・洋酒マスタード
　粒マスタード … 大さじ1、ウイスキー（またはラム酒）… 小さじ1/2

・ハニーマスタード（p.103）
　粒マスタード … 大さじ1、はちみつ … 小さじ1

[ドレッシング]

本書では、「酢・油・調味料で作る主にサラダ用のソース」を、フランスのパンや料理に合わせるものは「ヴィネグレットソース」または「ヴィネグレット」、それ以外のものは「ドレッシング」と書き分けています。

**ヴィネグレットソース**

→ p.16／p.36

【材料】（葉野菜150g分の分量）

白ワインヴィネガー … 大さじ1

塩 … 小さじ2/5〜1/2

はちみつ（またはメープルシロップ）… 小さじ2

オリーヴオイル … 大さじ4

こしょう … 少々

【作り方】

❶ ボウルにヴィネガー、塩を入れ、小さい泡立て器でかき混ぜながら、塩をよく溶かす

❷ ①にはちみつ、オリーヴオイルを順に加え、そのつどよく混ぜる。こしょうを加える。

＊塩は油に溶けにくいので、ヴィネガーでよく溶かしておくこと。

＊はちみつをディジョンマスタードにかえても。

**特製オイル** p.23

にんにく、アンチョヴィペースト入りのドレッシング。タコ、マッシュルーム、アボカドのように、魚介類1種、旬の野菜1〜2種を組み合わせ、和えてみましょう。

## レリッシュ

みじん切りにした野菜やピクルスを合わせたもの。アメリカではホットドッグのケチャップのかわりにのせるのが定番の食べ方だとか。

【材料】（ロールパン3個分の分量）

玉ねぎ … 1/8個（約30g）

トマト … 1/4個（約40g）

ピクルス … 15g

塩 … 小さじ1/5

タバスコ … 適量

【作り方】

❶ 玉ねぎ、トマト、ピクルスはみじん切りにする。

❷ 小さいボウルに①、塩、タバスコ（多め）を入れ、よく混ぜる。

**おすすめの食べ方**

・ロールパンやコッペパンにソーセージをはさみ、レリッシュをかける。

## デュカ

→ p.37

ナッツやスパイスをブレンドしたエジプト生まれのフレーバーソルト。パン、サラダ、スープ、炒めものなどに使える万能調味料です。

【材料】

アーモンド（ロースト・無塩）… 50g

カシューナッツ（ロースト・無塩）… 50g

クミン（シード）… 大さじ1/2

コリアンダー（シード）… 大さじ1/2

すりごま（白）… 大さじ1

ごま（白）… 大さじ1

塩 … 小さじ1/3～1/2

こしょう … 少々

【作り方】

❶ フードプロセッサーにナッツ類、スパイス類を入れ、ふりかけ状になるまで撹拌する。

❷ ①にごま類、塩、こしょうを加え、軽く撹拌する。

＊ナッツはアーモンド、くるみ、カシューナッツなど、ローストされた無塩のものなら何でもよい。ピーナッツやピスタチオでもよいが、味や色に特徴が出る。

＊スパイスはクミン、フェンネル、コリアンダー、キャラウェイなどシード状なら何でもよい。

＊好みでドライハーブ（オレガノ、バジル、ローズマリー、タイムなど）を加えてもよい。その場合作り方②で加える。

**おすすめの食べ方**

・パンにオリーヴオイルと一緒にのせ、オーブントースターで焼く。

・トーストしたパンにフムス（p.149参照）を塗り、デュカをふりかける。

・パンにクリームチーズを塗り、好みの葉野菜、キャロット・ラペ（p.145参照）、スライスアボカドと一緒にはさむ。

## チーズ p.32／p.33

チーズは大別するとⒶナチュラルチーズとⒷプロセスチーズがあ

ります。ナチュラルチーズはさらに製法の違いから、①フレッシュ（非熟成）タイプ（p.31、p.32、p.49）、②白カビタイプ、③ウォッシュタイプ（p.32、p.33、p.37）、④青カビタイプ（ブルーチーズ）、⑤シェーヴルタイプ（山羊乳を使用したチーズの総称）、⑥セミハードタイプ、⑦ハードタイプの7種類に分けられます。本書では、p.32～33のカンパーニュの食べ方をはじめ、これらのチーズが出てきていますが、ここでは、特にパンに合うチーズを厳選し、詳しくご紹介します（以下、チーズ名の「チーズ」表記を省略）。

### ［ナチュラルチーズ］

ナチュラルチーズの中でも、フレッシュタイプのモッツァレラ、リコッタ（p.32）、マスカルポーネ、白カビタイプ、青カビタイプ、セミハードやハードタイプはパンとの相性が抜群です。

### フレッシュタイプ／モッツァレラ

パンをピザ生地に見立て、チーズにモッツァレラを使えば、本格的なピザトーストになります。ピザの種類の数だけこのトーストも作れるというわけです。

### マルゲリータトースト

【材料】

モッツァレラ … 50g

ピザソース（市販のもの）… 適量

オリーヴオイル … 適量

バジル（生・葉）… 1～2枚

食パン … 1枚

【作り方】

❶ パンにピザソースを塗り、厚さ5mmに切ったモッツァレラを広げる。

❷ ①をオーブントースターでモッツァレラが溶けて焼き色がつくまで焼く。

❸ ②にオリーヴオイルをまわしかけ、手でちぎったバジルをちらす。

＊p.58の即席ピザソース、p.152のレモン風味のトマトソースでもよい。

### 自家製フレッシュチーズ

### 自家製フロマージュ・ブラン

→ p.44／p.59

【材料】

プレーンヨーグルト … 400g

生クリーム … 200ml

砂糖 … 15g

【作り方】

❶ コーヒードリッパーに紙フィルターをはめ込み、ドリッパーの下に水分を受けるための容器を置く。

❷ ボウルにヨーグルト、砂糖を入れ、泡立て器でよく混ぜる。

❸ ②に生クリームを加え、均一になるまで混ぜる。

❹ ①のドリッパーに③を流し入れ、ラップをかけ、冷蔵庫に最低

1時間30分入れる。

＊10分おきにスプーンなどでフロマージュ・ブランをかき混ぜると、
比較的水分が早く切れる。

＊砂糖を加えた上記のレシピではホイップクリームがわりとして使え、
砂糖を加えずに水分をしっかり切れば
クリームチーズのようなスプレッドとして使える。

## 自家製カッテージチーズ
→ p.49

【材料】（ブリオッシュ2個分の分量）
牛乳（成分無調整）… 200ml
レモン汁 … 大さじ1

【作り方】
❶ コーヒードリッパーに紙フィルターをはめ込み、ドリッパーの
下に水分を受けるための容器を置く。
❷ 鍋に牛乳を入れて中火にかけ、60℃（かなり熱いが触れること
ができる程度）まで温める。
❸ ②を火から下ろし、レモン汁を加え、泡立て器で軽くかき混ぜる。
❹ ③が完全に分離したら（液体が透明になった状態）、①のドリ
ッパーに流し入れ、水分を切る。

＊ある程度水分が切れたら、紙フィルターの口を絞ると早く水分が切れる。

おすすめの食べ方
・ライ麦パンにのせ、ジャムまたははちみつをかける。
・ライ麦パンにのせ、生ハムまたはスモークサーモンをのせ、オリ
ーヴオイルをまわしかける。

## 白カビタイプ p.49／p.95／p.108／p.110／p.111
バゲットに無塩バターを塗り、厚さ1cmくらいに切ったカマンベ
ールもしくはブリーをはさんだサンドイッチはフランスのカフェ
の定番メニューです。おいしい白カビチーズとバゲットが手に入
ったら、ぜひお試しください。

## 青カビタイプ（ブルーチーズ）
p.15／p.31／p.32／p.33／p.37／p.49／p.72／p.109
青カビタイプは匂い、塩味、辛味が強いチーズです。クリームチー
ズなどのクリーミーなもの、シュレッドチーズなどのマイルドな
ものと合わせると中和され、食べやすくなります。バゲットにソー
セージをはさみ、青カビチーズとシュレッドチーズを合わせたも
のをのせて焼けば、フランス風のホットドッグに。白カビタイプ同
様ブリオッシュとも好相性。

## 長ねぎとゴルゴンゾーラのタルティーヌ

【材料】（1枚分）
ゴルゴンゾーラ（なければ他のブルーチーズでも）… 15g
シュレッドチーズ … 15g
バター … 8g
長ねぎ … 10cm
こしょう … 少々

カンパーニュ … 1枚

【作り方】
❶ 長ねぎはごく薄い輪切りにする。
❷ 小さいフライパンにバター5gを入れて中火にかけ、溶けたと
ころに①の長ねぎを加え、しんなりするまで炒める。
❸ パンに残りのバターを塗り、②を広げ、細かく砕いたゴルゴン
ゾーラ、シュレッドチーズの順にちらす。
❹ ③をオーブントースターで、チーズが溶けて焼き色がつくまで
焼く。
❺ こしょうをふる。

## シェーヴルタイプ p.31／p.32／p.33／p.36

### 熟成シェーヴル
→ p.32／p.37

❶ シェーヴルをクッキングシートで包み、包み終わりを下にして
保存容器に入れる。
❷ ①を冷蔵庫の野菜室に1カ月入れる。途中、クッキングシート
がしめってきたらとりかえる。その際、保存容器やシェーヴルにつ
いた水分はふきとる。

＊水分がどんどん抜け、旨味が凝縮されていく。
好みの熟成具合を知るために、
クッキングシートをとりかえるときに少し味わうとよい。

## セミハードタイプ／ハードタイプ
p.32／p.33／p.37／p.43／p.46／p.89／p.103／p.110
セミハードとハードの違いは水分量と熟成期間です。水分が少な
く、熟成期間が長いチーズがハードになります。Aライ麦パンやカ
ンパーニュにバターを塗り、専用のチーズスライサーかピーラー
で薄くスライスしたチーズを数枚のせ、そのまま食べる。B食パン
にバターを塗り、チーズおろし器かせん切りスライサーでおろし
たものをたっぷりのせ、トーストする。まずはこのふたつをお試し
ください。

## カンパーニュのチーズフォンデュ
→ p.37

【材料】（2人分）
サラミ … 6枚
ズッキーニ … 1/2本
ミニトマト … 6個
マッシュルーム … 8個
チーズフォンデュ
┃ エメンタール、グリュイエール、コンテなど … 計300g
┃ にんにく … 1/2片（2.5g）
┃ コーンスターチ … 小さじ1
┃ 白ワイン … 150ml
┃ 塩、こしょう … 各少々
カンパーニュ（厚さ2cm）… 1枚

**【作り方】**

❶ パンは2cm角に切り、オーブントースターで縁がカリッとするまで焼く。

❷ ズッキーニは①と同じ大きさに切り、トマトは先っぽに穴をあけ、蒸し器に並べて蒸す。トマトは冷水に浸し、へたと薄皮をとる。

❸ マッシュルーム、サラミは半分に切る。

❹ お皿に①、②、③を盛る。

❺ チーズフォンデュを作る。チーズ類はチーズおろし器かせん切りスライサーでおろし、コーンスターチをまぶす。

❻ 鍋（鋳物、鉄、ほうろうなど）の底に、にんにくをこすりつける。

❼ ⑥にワインを入れ、中火にかける。

❽ ⑦が沸騰したら、⑤を2〜3回に分けて加え、そのつど木べらでよく混ぜる。チーズとワインがきちんと混ざってから、次を入れるようにする。

❾ 塩、こしょうで味を調える。

**［プロセスチーズ］**

### シュレッドチーズ p.141／p.101

シュレッダーで裁断された紙のように、細長く切ったチーズをシュレッドチーズといいます。パンの隅までのせられ、溶けやすいので、チーズトーストには欠かせません。ブルーチーズやウォッシュタイプなどのクセの強いものや、逆にクリームチーズなどの淡泊なものの上にのせて焼くというチーズのダブル使いもおすすめです。

**おすすめの食べ方**

・食パンにバター、和辛子を薄く塗り、シュレッドチーズをたっぷりのせてトーストする。刻んだ海苔、しらすにしょうゆ少々などの和素材をトッピングしても。

### 粉チーズ

粉チーズはチーズを乾燥させて粉末状にしたもの。原料はパルメザンチーズが一般的です。最高級の粉チーズといえば、削り立てのイタリア産パルミジャーノ・レッジャーノ（ハードタイプ）。たっぷり使う場合は前者、アクセントとして使う場合は後者を。

**おすすめの食べ方**

・パルミジャーノ・レッジャーノ（あれば）を削って粉にし、水平切り込みを入れたクロワッサンの内側と表面にかけて焼く（表面は焦げやすいので、先に内側に詰めて焼いてから、トップにかけて再度焼くようにする）。

・p.143のトマトトーストの作り方③で塩のかわりに、パルメザンチーズ大さじ1+1/2、こしょう少々、パセリのみじん切り小さじ1/2を合わせたものをかけ、オーブントースターを予熱で温めたあと、焼く（パンの耳が焦げやすいので注意）。

### バター p.15／p.67／p.73／p.89／p.101

バターには塩を加えたもの、加えてないもの、発酵させたものなどがあります。本書においては、塩を加えたものを「バター」、加えていないものを「無塩バター」と表記。パンには加塩バターが一般的ですが、「無塩バターを使い、あとから塩を足す」という食べ方もおすすめです。

### フレーバーバター p.84

下記のレシピはバター10gに対する分量。バターは使う前に室温に戻し、クリーム状にしてから、食材を加えます。塩分の多い食材（アンチョヴィペーストなど）の場合は、無塩バターを使い、味を見ながら食材を少しずつ加えること。味噌やゆずごしょうなど和の食材を混ぜ込んでもよいでしょう。ラップに包んで冷凍保存も可。食パンに塗ってトーストしたり、サンドイッチのパンに塗ったりと幅広く使えます。

・辛子バター
　バター … 10g、和辛子 … 小さじ1/2
・レモンバター（レモン汁入り／p.32）
　バター … 10g、レモン汁 … 小さじ1/4、
　レモンの皮（すりおろし）… 少々
・レモンバター（レモン汁なし／p.97）
・マスタード＆ペッパーバター
　バター … 10g、粒マスタード … 小さじ1/4、
　こしょう … 小さじ1/10
・ガーリックバター
　バター … 10g、にんにく（すりおろし）… 小さじ1/10
・エスカルゴバター（p.15）
　バター … 10g、パセリ（生・葉・みじん切り）… 小さじ1、
　にんにく（すりおろし）… 小さじ1/10
・明太子バター（p.139参照）
・甘くないコーヒーバター（p.68）
・シュガーバター
　無塩バター … 10g、砂糖 … 小さじ1
・ラムレーズンバター
　無塩バター … 10g、
　ラム酒漬けのレーズン（みじん切り）… 5〜10g
・ブランデーバター（p.31）
　シュガーバター（上記参照）、ブランデー … 小さじ1/2〜1

### ガーリックトースト p.37

パンにガーリックバター（上記参照）を塗り、オーブントースターでパンがきつね色になるまで焼く。

## その他の乳製品

**［クリームチーズ］** p.8／p.14／p.43／p.87／p.109／p.110

メーカーによって使う生乳や乳酸菌、加える塩の量も異なるため、様々な味わい、食感のクリームチーズがあります。ベーグルに使うならアメリカ産、バゲットなどのフランスのパンに使うならフランス産、ライ麦パンに使うならデンマーク産など、パンに合わせて選んでみてはいかがでしょうか。

**おすすめの食べ方**

・パンに塗り、スライスオニオンと1cm幅に切ったベーコンをのせ、オーブントースターで焼く（タルト・フランベ風／p.14）。

・ピザのトマトソースのがわりに塗る（p.87）。

## フレーバークリームチーズ p.110

下記のレシピはクリームチーズ「キリ」（18g）に対する分量。20gまでなら同じ分量でも大丈夫です。クリームチーズは使う前に室温に戻し、クリーム状にします。食材は基本、5mm角のみじん切りに。ビーツのような水分のあるものは、フォークなどでできるだけ細かくつぶしてから加えましょう。

・スカリオンクリームチーズ（p.111）
　長ねぎの白と緑の間の薄緑の部分（みじん切り）… 1cm分
・パプリカクリームチーズ
　パプリカのロースト（p.148参照／すりつぶしたもの）… 小さじ1
・ドライトマトクリームチーズ
　戻したドライトマト（p.143参照）… 1枚（5g）
・オリーヴクリームチーズ
　オリーヴ（緑または黒・種なし）… 2粒
・ピスタチオクリームチーズ（p.49）
・ビーツクリームチーズ（p.96）
・大葉クリームチーズ
　大葉（せん切り）… 2枚分
・和ハーブのクリームチーズ（p.112）
・クリームチーズアイシング（p.115）
・ジンジャークリームチーズ（p.115）
・チョコチップクリームチーズ
　ビターチョコレート（刻んだもの）… 10g
・レーズンとくるみのクリームチーズ
　レーズン（刻んだもの）… 10g、
　くるみ（ロースト・刻んだもの）… 5g
・アップルシナモンクリームチーズ
　ドライアップル（刻んだもの）… 10g、
　シナモン（パウダー）… 小さじ1/6
・オレンジピールクリームチーズ（p.111）
　オレンジピール（刻んだもの／マーマレードでも可）… 10g

## レアチーズケーキスプレッド

【材料】
クリームチーズ（室温に戻す）… 100g
生クリーム … 大さじ1〜2
レモン汁 … 小さじ1
砂糖 … 25g
レモンの皮（すりおろし／あれば国産）… 1/4個分

【作り方】
❶ ボウルにクリームチーズを入れ、泡立て器でクリーム状になるまで混ぜる。
❷ ①に砂糖を加え、ふわっとなるまで混ぜる。
❸ ②に生クリーム、レモン汁、レモンの皮を順に加え、そのつどよく混ぜる。
＊作り立てはトロトロしているので、
かたくしたいときは冷蔵庫で冷やすとよい。

## ［サワークリーム］p.72／p.95

サワークリームはクリーム（生クリーム）を乳酸菌で発酵させたもので、独特の酸味が特徴です。クリームチーズと比べると、塩味がなく酸味が強いので、乳製品のコクと酸味を加える調味料として使いましょう。

## サワークリームオニオン
　→ p.101

【材料】
サワークリーム … 1パック（90〜100g）
玉ねぎ（みじん切り）… 1/5個（50g）
にんにく（すりおろし）… 1片（5g）
パセリ（生・葉・みじん切り）… 大さじ1
植物油 … 小さじ1
塩 … 小さじ1/4
こしょう … 少々

【作り方】
❶ キッチンペーパーを敷いた耐熱皿に玉ねぎを広げ、ラップをかけ、電子レンジ（500W）で1分加熱する。加熱後、出た水分はキッチンペーパーでしっかりとる。
❷ 中火で油を熱した小さいフライパンに①を入れ、玉ねぎがあめ色になるまで炒める。途中水分がなくなったら、水（分量外）少量を足す。
❸ ボウルにサワークリームを入れ、ゴムべらでなめらかにする。
❹ ③ににんにく、パセリ、塩を加え、よく混ぜる。
❺ ④に完全に冷めた②、こしょうを加え、よく混ぜる。

## ［生クリーム］

一般的に「生クリーム」と呼ばれているものは、乳脂肪（動物性脂肪）のみで作られています。本書でも、できる限り「乳脂肪のもの」を使ってください。乳脂肪率は30％台のものと40％台のものがあり、あっさりと仕上げたいときは前者を、コクを出したい場合は後者を使いましょう。

## ホイップクリーム
　→ p.45／p.59／p.66

【材料】
生クリーム … 100ml
砂糖 … 10g

【作り方】
❶ ボウルに生クリーム、砂糖を入れ、よく混ぜる。
❷ ①の底を氷水で冷やしながら、用途に合ったとろみがつくまで泡立てる。

## ラムホイップクリーム
　→ p.15

【材料】
生クリーム … 100ml

砂糖 … 10g

ラム酒 … 大さじ1/2

【作り方】

❶ ホイップクリームの作り方①、②を同様に作る。

❷ ①が用途にあったとろみになったら、ラム酒を加え、軽く混ぜる。

## その他の甘いクリーム／シロップ

### カスタードクリーム

【材料】

卵黄 … 2個分

牛乳 … 300ml

砂糖 … 55g

薄力粉 … 10g

コーンスターチ … 15g

ヴァニラビーンズ … 1/3本

【作り方】

❶ ボウルに卵黄を入れ、砂糖半量、薄力粉、コーンスターチを順に加え、そのつど泡立て器でよく混ぜる。

❷ 鍋に牛乳、残りの砂糖、しごき出したヴァニラビーンズの種とさやを入れ、中火にかける。

❸ 沸騰直前で火を止め、①に少しずつ加えながら混ぜる。

❹ 全部加え終わったら、鍋に戻し、弱火にかける。とろみがつくまで泡立て器でかき混ぜる。表面の細かい泡がなくなると、一気にとろみがつきはじめる。

❺ 使う直前にヴァニラのさやを除く。

おすすめの食べ方

・ロールパンにはさめば即席クリームパンになる。

・コッペパンにホイップクリーム、バナナと一緒にはさむ。

### アイスクリーム p.49／p.70／p.72

ヴァニラアイスクリームはカスタードソースと材料が同じなので、カスタード味の冷たいクリームと考え、パンにはさんだりのせたりと幅広く使ってみましょう。

### ミルククリーム

【材料】（コッペパン2個分の分量）

無塩バター（室温に戻す）… 50g

粉砂糖（なければある砂糖で）… 10g

練乳 … 大さじ2

【作り方】

❶ ボウルにバターを入れ、泡立て器でクリーム状になるまで混ぜる。

❷ ①に砂糖、練乳を順に加え、そのつどよく混ぜる。

おすすめの食べ方

・バゲットやコッペパンに塗るとミルクフランスに。1cm角に切ったいちごやキウイなどをはさんでもよい。

### ガナッシュ

→ p.31／p.32／p.33／p.49

【材料】

ビターチョコレート … 100g

生クリーム … 100ml

【作り方】

❶ チョコレートは細かく刻む。

❷ 小鍋に生クリームを入れ、中火にかける。

❸ 沸騰直前で火を止め、①を加え、チョコレートが完全に溶けるまでゴムべらでよく混ぜる。溶けきれなかったら、鍋ごと湯煎にかける。

おすすめの食べ方

・クロワッサンにはさむと高級パン・オ・ショコラに。

・ブリオッシュ・ア・テット（p.49参照）の穴に詰め、オレンジの実または切ったいちごを飾る。

### アーモンドクリーム

バラ風味のアーモンドクリーム（下記参照）のローズウォーターを入れないで作る。

### バラ風味のアーモンドクリーム

→ p.45

【材料】

卵黄（室温に戻す）… 1個分

無塩バター（室温に戻す）… 30g

アーモンドパウダー … 30g

砂糖 … 25g

コーンスターチ … 小さじ1

ローズウォーター … 大さじ1/2

【作り方】

❶ ボウルにバターを入れ、泡立て器でクリーム状になるまで混ぜる。

❷ ①に砂糖を加え、白っぽくふわっとなるまで混ぜる。

❸ ②に卵黄、アーモンドパウダー、コーンスターチ、ローズウォーターを順に加え、そのつどよく混ぜる。

### クロワッサン・オ・ザマンド（アーモンドクロワッサン）

イスパハン風クロワッサン・オ・ザマンド（p.45参照）のローズウォーター、ラズベリー、バラの花びらを使わないで作る。

### スパイスシュガー

→ p.32／p.33／p.100

【材料】

グラニュー糖 … 40g

シナモン（パウダー）… 3g

粉山椒 … 2g

カルダモン（パウダー）… 1g

【作り方】

❶ すべての材料をよく混ぜる。

## 協力者紹介

### ●取材協力

**伊原靖友**

毎日300種類のパンが並ぶ、行列のできる大人気店「Zopf」のオーナーシェフ。パン好きのファンからは「パンの聖地」と呼ばれ、カフェやパン教室も人気。著書『Zopfが焼くライ麦パン』『ぜったい失敗しないパンづくり』（柴田書店）。

●• Zopf（ツオップ）
千葉県松戸市小金原2-14-3
TEL：047-343-3003
HP：http://zopf.jp/

**森本智子**

ドイツ食品普及協会代表、株式会社エルフェン代表取締役。パン、ビールを中心にドイツ食文化に造詣が深い。「ドイツフェスティバル」の運営などドイツパンを広めるため尽力。著書『ドイツパン大全』（誠文堂新光社）。

● 株式会社エルフェン
HP：http://elfen.jp

**Mara Brogna（マーラ・ブローニャ）**

イタリア料理研究家。イタリア・トスカーナ州ピサ出身。家業がレストランという環境に育ち、現在は東京にある「ベリタリア イタリア語・文化教室」にて、ブローニャ家に伝わる秘伝のレシピを惜しみなく教えている。大好物のパンはもちろん、食全般に精通。社団法人日本オリーブオイルソムリエ協会による「オリーブオイルソムリエ」資格を取得。

**小林照明**

「パーネ・エ・オリオ」オーナーシェフ。イタリアの小麦粉、イタリアの製法、イタリアの師匠から譲り受けたパネトーネ種を使用。イタリアと日本のいいとこどりしたパンを展開。

● パーネ・エ・オリオ
東京都文京区音羽1-20-13
TEL：03-6902-0190
HP：http://paneeolio.co.jp/

### ●撮影協力

**清水信孝**

「ショーマッカー」オーナーシェフ。ドイツにある本店と同じ製法、同じオーガニックライ麦粉を使用。ライ麦100%のパン「ロゲンブロート」など、本物のドイツパンを作る。

● ショーマッカー
東京都大田区北千束1-59-10
TEL：03-3727-5201
HP：http://www.schomaker.jp/

### ●パン製作協力

● マツパン
福岡県福岡市中央区六本松4-5-23
TEL：092-406-8800
HP：http://matsu-pan.com

→ p.8-9レシピ／p.12-16／p.18-19／
p.22-23／p.36／p.44-47／p.96-99

● CAMELBAGEL（キャメルベーグル）
福岡県福岡市城南区神松寺1-23-39
HP：https://camelbagel.com

→ p.104-113

### ●器協力

● B・B・B POTTERS
（スリービーポッターズ）
福岡県福岡市中央区薬院1-8-8-1F・2F
TEL：092-739-2080

● BBB&（スリービーアンド）
福岡県福岡市中央区薬院1-8-20-1F
TEL：092-718-0028
HP：http://www.bbbpotters.com

**池田浩明** Hiroaki Ikeda

ライター／パンの研究所「パンラボ」主宰

佐賀県生まれ。日本中のパンを食べまくり、パンについて書きまくるブレッドギーク（パンおたく）。編著書に『パン欲』（世界文化社）、『食パンをもっとおいしくする99の魔法』（ガイドワークス）、『僕が一生付き合っていきたいパン屋さん』（マガジンハウス）など。国産小麦のおいしさを伝える「新麦コレクション」でも活動中。

**山本ゆりこ** Yuriko Yamamoto

菓子・料理研究家／カフェオレボウル収集家

福岡県生まれ。日本女子大学家政学部食物学科卒業後、1997年に渡仏し、12年間パリで暮らす。その間、パリのリッツ・エスコフィエとル・コルドン・ブルーにてフランス菓子を学び、三ツ星レストランやホテル、製菓店にて修業を重ねる。2000年に単行本デビューし、著書は30冊を超える。Instagram山本ホテルを日々更新中。

| | |
|---|---|
| 撮影 | 清水健吾、高橋絵里奈 |

山本ゆりこ
p.8-9レシピ、p.14-15レシピ、p.16-19、p.22-23、p.34-36、p.44-49、p.58-63、p.68-73、p.78-79、p.81現地、p.86-89、p.96-99、p.100現地、p.102-103、p.105製法、p.112-113、p.115

池田浩明
p.21製法、p.25、p.27製法、p.39製法、p.51製法、p.65製法、p.75製法、p.80-81、p.83製法、p.91製法、p.100、p.106-107現地

| | |
|---|---|
| イラスト | Aki ishibashi |
| デザイン | 吉田昌平、田中有美（白い立体） |
| DTP | 水谷美佐緒（プラスアルファ） |
| 調理補助 | はらぺこ（カバー、p.1、p.42-43） |
| 校正 | 有限会社 くすのき舎 |
| 編集 | 久保万紀恵（誠文堂新光社） |

知ればもっとおいしくなる！ 切り方・焼き方・味わい方

# パンのトリセツ

2021年5月31日 発 行　　　　NDC596

| | |
|---|---|
| 著　者 | 池田浩明<br>山本ゆりこ |
| 発行者 | 小川雄一 |
| 発行所 | 株式会社 誠文堂新光社<br>〒113-0033<br>東京都文京区本郷3-3-11<br>［編集］電話 03-5800-3616<br>［販売］電話 03-5800-5780<br>https://www.seibundo-shinkosha.net/ |
| 印刷所 | 株式会社 大熊整美堂 |
| 製本所 | 和光堂 株式会社 |

©2021 Hiroaki Ikeda, Yuriko Yamamoto.　　Printed in Japan

検印省略

本書掲載記事の無断転用を禁じます。

万一落丁・乱丁本の場合はお取り替えいたします。

本書のコピー、スキャン、デジタル化等の無断複製は、著作権法上での例外を除き、禁じられています。本書を代行業者等の第三者に依頼してスキャンやデジタル化することは、たとえ個人や家庭内での利用であっても著作権法上認められません。

JCOPY 〈（一社）出版者著作権管理機構　委託出版物〉

本書を無断で複製複写（コピー）することは、著作権法上での例外を除き、禁じられています。本書をコピーされる場合は、そのつど事前に、（一社）出版者著作権管理機構（電話 03-5244-5088／FAX 03-5244-5089／e-mail：info@jcopy.or.jp）の許諾を得てください。

ISBN978-4-416-51926-4